Hacking Learning Centers in Grades 6-12

How to Design Small-Group Instruction to Foster Active Learning, Shared Leadership, and Student Accountability

如何设计学习中心

一个基于小组合作学习、学生高度参与的体验式教学体系

[美] 斯塔尔·萨克斯坦 Starr Sackstein
凯伦·特威利格 Karen Terwilliger 著 谢怀栋 译

中国青年出版社

图书在版编目（CIP）数据

如何设计学习中心：一个基于小组合作学习、学生高度参与的体验式教学体系 / (美) 斯塔尔 · 萨克斯坦, (美) 凯伦 · 特威利格著；谢怀栋译. -- 北京：中国青年出版社, 2025. 7. -- ISBN 978-7-5153-7796-4

Ⅰ. G632.0

中国国家版本馆CIP数据核字第2025G0B925号

如何设计学习中心：
一个基于小组合作学习、学生高度参与的体验式教学体系

作　　者：[美] 斯塔尔 · 萨克斯坦　凯伦 · 特威利格
译　　者：谢怀栋
责任编辑：肖妩嫔
文字编辑：张祎琳
美术编辑：佟雪莹
出　　版：中国青年出版社
发　　行：北京中青文文化传媒有限公司
电　　话：010-65511272 / 65516873
公司网址：www.cyb.com.cn
购书网址：zqwts.tmall.com
印　　刷：大厂回族自治县益利印刷有限公司
版　　次：2025年7月第1版
印　　次：2025年7月第1次印刷
开　　本：787mm × 1092mm　1/16
字　　数：130千字
印　　张：11.5
京权图字：01-2023-2835
书　　号：ISBN 978-7-5153-7796-4
定　　价：49.90元

来自斯塔尔

致洛根：感谢你点燃了我改变教育的热情，

赋予了我畅所欲言的更大勇气。

致查理：感谢你容忍我对技术的痴迷，

给我最大的精神支持。我知道自己有时候脾气很差，

尤其是在我工作的时候。

来自凯伦

致艾迪、塞布丽娜和肯尼：

感谢你们总是带给我灵感，让我从青少年的角度看待问题，

带我紧跟潮流文化的步伐。

致埃德：感谢你的支持，

无论风雨还是晴天，你都在我身边。

感谢你总是记得把握点比萨的最佳时机。

目录

序　言	打造一种培育学习中心的特色文化	007
第❶章	创建学习中心，更有效地开展教学 激发学习乐趣，让学习中心充满活力	011
第❷章	设计物理空间 设计能够激发学习的空间	033
第❸章	与学生一起完善学习中心 确定学生倾心于哪些选择	053
第❹章	授权意料之外的领导者 系统组织小组教学，提升学生领导力	073
第❺章	提高学生责任的标准 让学生进行自我评估	089
第❻章	审查形成性数据 反思和调整，提升专业知识水平	105
第❼章	深入挖掘学生的学习热情 重新利用和重复使用已知信息，激发学生的课外兴趣	125
第❽章	促进学生持续的卓越成长 将决策能力的培养扩展到个人生活	141
结　语	未来掌握在我们创造者的手中	159
致　谢		163
附　录		165
作者简介		173

序言

打造一种培育学习中心的特色文化

一个独善其身的教师很难带动高效的学习，即便是最优秀的教师也不例外。学习实际上是一个动态的过程，当涉及新内容的学习时，需要考虑每一个学习者的个体需求和兴趣，让每一位参与者都能从中受益，这就是学习中心能够提升优秀的教学法的方式。

当教师引入这种学习方法时，他们会建立学习中心，明确学习过程；这样，学习规范就变得明确起来，成为一种下意识的活动。学生知道接下来会发生什么以及他们该怎样应对，这就营造出了一种安全感。学生越是感到舒适，他们的建议对提升学习空间外观和感觉的帮助就越大。这种循序渐进的过程可以让学生在空间中培养自主意识，教师也可以放心大胆地给予学生更多的自由。教师知道学生何时做好了迈出下一步的准备，有时连学生自己也未曾意识到。有时候，学生通过表达他们的想法，明示出他们已准备好，这些想法会逐渐演变为一个功能完备的学习中心，供所有学生探索和使用。教师能够明智地辨别何时需要亲自介入，何时可以将领导权交给学生。

无论你所处的教学阶段是初中还是高中，学习中心的成功关键在于两个策略：1）建立良好的关系；2）确保学习中心的一切活动都以学习为中心。

在每一次轮换时，引导学生反复深入考虑他们的想法和目标，并确保它们与课程内容相一致。顺序或节奏有时并不那么重要，因为学生将会做出选择。将轮换过程纳入课堂之中，让其发挥作用，并形成一定的规范，可以增强学习责任感，提高课堂效率。学生持续不断地发现自身潜在的兴趣，这些兴趣可以成为所有人共同努力的方向；教师也逐渐了解他们的学生，有助于规划未来的课程。基于学习中心的教学是一种有效的教学方式，可以让教师创建特定的学习环境，满足每位学生的需求。这些学习中心可以增加学习的吸引力，提高学习的灵活性，增强学生的归属感和参与度。

如果你之前没有接触过学习中心，可能对如何运用这种学习方式进行教学感到陌生，甚至会感到有些困惑。你或许想知道这看似"混乱不堪"的场景究竟有何意义。班里有这么多孩子，为什么要让他们从事不同的活动呢？你应该如何有效地实施教学呢？

然而，创建一种学习文化，尊重学生，倾听他们的声音，对于高效学习至关重要。如果教师在学年伊始就创造这种文化，就能够在以后的教学过程中持续受益。

在本书中，我们遵循沉浸式学习系列的写作组织模式。每一章都以"问题呈现"开篇，明确了与学习中心相关的课堂问题。这些挑战在我们的教育生涯中一直困扰着我们，因此我们需要寻求相应的解决方案。我们经常花时间进行头脑风暴，对问题展开讨论，以便为所有的学生创造最佳的学习体验。一开始，我们会反复试验和纠正，与学生和其他教师合作，并选择最佳且最实用的解决方案。在每个章节中，我们将以"策略"的形式呈现这些解决方案。

在"策略"之后，我们会在"可立即着手的应对之策"部分分享一些你可以立马着手的活动——有哪个老师不喜欢简单、可操作的开始方式呢？

我们将在“全面实施的规划”部分进行详细介绍，这将有助于你：

- 放开对课堂的控制。
- 充分发挥学生创意的力量。
- 以一种有意义的方式，鼓励学生表达心声和做出选择，无论学生将来去向何方，都可以提升他们的技能。
- 精心组织，系统规划，减少混乱，让各项活动更易于管理。

在“克服阻力”部分，我们分享一些小技巧，帮助你应对教学组织或专业学习团体中那些爱唱反调的人，以便你在自己的领域找到正确的变革之道。在该部分，我们还加入了一些领导力技巧，指导学校管理者更好地支持教师，认可他们在改变课堂教学方法方面的努力。这些技巧源自我们在整个过程中所建立的关系，是帮助中学教师的一种手段，可以为他们提供精神支持，尤其是当他们脱离传统的教学模式时。

“沉浸式学习实践”部分提供了真实案例，展示了教育者如何应用这种沉浸式学习方法。这样，你就可以在脑海中构建整个过程的图景，并获得更多的灵感和想法。当然，这并不是我们或其他贡献者获得成功的唯一方法。这些故事可以让你身临其境地进入真实的课堂，观察并从中汲取创意和灵感。

当你读到每章结尾的总结部分时，思考一下这些问题，这将有助于你开始以一种有意义的方式，在你自己的学习空间建立学习中心。我们认为反思是一种强大的工具，可以帮助教师进行更深入的思考。我们提出这些问题的目的是为了让你也能从中受益。

无论你是学习中心方面的新手还是专业人士，我们都希望你能拥有这些创意，与你的学生一起改变你的课堂，为所有学习者带来一次真正难忘的学习体验。

第1章

创建学习中心，更有效地开展教学

激发学习乐趣，让学习中心充满活力

混沌中自有宇宙，混乱中自带秩序。

——卡尔·荣格｜瑞士分析心理学家——

问题呈现：教师掌管一切课堂活动

教师站在教室前面，学生坐在下面，一边盯着前面同学的后脑勺，一边听教师讲课，这样的学习方式对于鼓励学生积极参与学习过程并不十分奏效。如果你看过《春天不是读书天》（*Ferris Bueller's Day Off*）这部电影，此情此景，可能会让你联想到菲利斯的老师（本·斯坦因饰）站在讲台上面讲解巫术经济学的场景。

在这样的教育环境中，学生们距离睡觉仅有一步之遥——或者是在“开小差”，反正不是在认真听讲或是做其他与学习相关的事情。他们坐在教室里，百无聊赖，无精打采。他们对课堂提不起一丁点儿兴趣，而是在下面涂鸦，闲聊，盯着窗外，心不在焉地打着哈欠。

面对这种每况愈下的“开小差”行为，教师可能会感到非常沮丧，他们要么选择置之不理，要么变得情绪激动，开始大吼大叫起来。这种情况下，学生和教师都会产生挫败感。不幸的是，在许多教室里每天都在上演这种戏码，这种学习体验扼杀了学生的积极性，也削弱了教育的价值。

在这种情况下，从教室的物理布局（排列整齐的椅子，老师站在前面）到教材内容的呈现方式，一切都由教师主导。教室的座位布置（一些学生在前排，一些学生在后排）最终只能让少数学生积极参与到课程中。坐在教室后排的学生可能会走神，因为教师很难察觉到教室后面的情况。学生可能听不清或看不到教室前方的活动，也不太愿意参与课堂讨论。此外，如果那些坐在后排的学生真的参与到讨论中，其他学生就不得不扭头看向他们，这只会造成更多的干扰，影响整个学习过程。

教师是一切学习活动的焦点。他们拥有全部专业知识，是学生需要聆听的对象。

当学生对学习策略或技能进行实践时，单人单桌的布局清楚地表明每个人需要单独进行。这种设置下，所有学生都在独自完成任务，而小组合作学习显然是不适用的。如果有学生遇到问题，只有教师可以提供指导。下课时，教师会收学生完成的作业，然后在课后批阅每份作业，提供相关反馈，以帮助学生不断进步。从八月份学年初到次年六月份学年末，日复一日地重复这个过程。

你有没有想过，为什么低年级的学生不容易对课堂学习感到厌倦？答案很简单。除了他们的年龄和天生的好奇心外，年龄较小的学生很少会需要连续20分钟或更长时间听教师讲课。小学的课程从不以讲述为主，课堂节奏不依赖幻灯片，也不完全由内容驱动。教师会鼓励学生参与课堂互动，将信息分解成更小的部分，有助于激发学生对学习内容产生更多的兴趣。身体活动（动作）是这种学习模式的一部分，因为对年龄较小的学生来说，“动起来”十分必要。学习小组可以让学生去探索、模拟并践行一些重要技能和技巧，有助于他们以后成长为成功的读者、写作者、数学家和合格的公民。

为什么我们不对高年级学生寄予同样的期望呢？

在保证覆盖所有所学内容的基础上，就像在低年级那样，我们可以将中学课堂的学习内容和学习时间分割成更小的部分，满足不同学生的需求，有意识地将身体活动融入课堂。通过建立学习中心，我们鼓励学生集思广益，制定策略，讨论目标，并向学生展示如何相互引领，促进彼此熟练掌握学习主题，而不是孤立地完成学习任务。

当学习环境由教师主导时，通常只有一部分学生会积极参与，而且这部分学生在任何学习环境下都可能表现出色。众所周知，卓越的学生并不仅仅依赖于教师的教导。但是，我们应该怎样做出改变，才能让所有学生都参与进来，让课堂参与不仅仅局限于那些无论如何都会表现出色的学生？

解决这个问题的方法其实非常简单：不再让教师完全主导学生的学习空间，而是创造一个更加开放的环境，允许学生充分发挥自己的学习能力，这正是传统课堂教学法所不及之处。我们可以摆脱教师对课堂的绝对掌控，让学生们更加紧密地协作和互动。如果我们希望学生充分发挥他们的潜力，就需要激励他们积极参与教学策略，并与学习中心的其他同学互动。

策略：创建学习中心，更有效地开展教学

传统的教学模式通常以教师为中心，教师主导整个学习过程；旧的教学观念认为教育只有在教师的控制和指挥下才能发生。然而，现在我们正在努力挑战这种传统观念，这是一次重新审视教育方法的机会。在这种僵化的传统模式下，我们错失了让学生参与学习的许多机会。然而，如果我们能够打

在创建学习中心时，要为共同决策留出空间。学生脱离教师“一言堂”式的教学环境，他们会变得更加自信，更善于学习，需要较少的教师指导，更愿意主导自己的学习和成长。

破束缚，认识到学习形成过程中固有的混乱，我们就能更好地塑造教育的未来。当我们将学生纳入教学过程中时，我们可以更加突出学习的乐趣。

由于学习以小组形式在小型模块中进行，因此学生可以从中获得有价值的学习。我们将不同的小组活动分配至不同的学习中心，这样，学生在每个学习中心的学习时间也较为紧凑。如果你正在实行模块式教学，在一天中，你可以让学生轮流参与不同的学习中心。在一节传统的45分钟课堂中，让学生根据自己的兴趣选择加入不同的学习中心，完成当堂课的学习任务。

你要第一时间让学生表达他们的意愿和选择，以增加学习的吸引力，活跃课堂气氛。你不可能自始至终都亲自兼顾每一个学习中心。相反，学生可以在学习中心自然而然地担任领导者的角色。在创建学习中心时，你需要了解学生并尊重他们的兴趣。这样，你就能够激发学生加入学习中心的热情，使组织的活动对他们具有吸引力。让学生有机会掌握主动权，可以将课堂的控制权下放，让每个孩子都成为自己学习的掌舵人，教师则担当整个“船队”的领航员。

在创建学习中心时，要为共同决策留出空间。学生脱离教师“一言堂”式的教学环境，他们会变得更加自信，更善于学习，需要较少的教师指导，更愿意主导自己的学习和成长。

可立即着手的应对之策

如果你想通过建立乱中有序的学习中心促进学生的成长进步，可以考虑立马做出以下改变，以激发学生的兴趣和热情。只要做出一些简单的调整，学生们就会迫不及待地来上课，而不是百无聊赖地等着下课。

- **改变教室布局。**彻底改变成排的座位布局，挪动一下教室内的物品。通盘考虑教室空间内的学习者，以及他们的学习动力情况。创建针对不同学习兴趣的学习中心，支持学生对其内部结构进行微调。无论是重新摆放桌椅，还是采用五颜六色的地毯搭配懒人沙发，甚至是增加简单的隔板，目的都是要创造一个让人耳目一新的学习环境，让学生一进入房间就能感觉到舒服。如果你不确定如何着手，建议你去网上搜一搜不同的教室布局方式。你或许在上面会看到一些适用于小学阶段的案例，但只需稍作改进和调整，就能使它们适用于你的学生的年龄段。
- **动起来。**鉴于青少年学生在学校期间精力充沛，活力四射，你可以鼓励自主选择学习中心、创建自己的学习空间，并有意识地在教室内活动，以此来释放他们的精力。设计一项轮换制度，让学生不仅限于坐在座位上，而是可以离开座位。可以尝试一下“弹跳制”，学生可以从一个学习中心开始，全身心地完成当前任务，如果他们对自己的任务完成情况感到满意，随后他们可以“弹跳”至另外一个不同的学习中心。

有些学生在完成某个特定学习中心的任务之后，可能需要先休息一下，然后再申请“弹跳”至另一个学习中心。在学年初期，鼓励学生在某一学习中心坚持一段时间，如果某个学习中心对学生有益，可以允许他们“弹跳”至该中心。你应该为例外情况留出余地，所以，你要将“例外”纳入自己的日常规划中。

- **不要随意禁止学生行为。**当学生询问他们是否可以在学习工作坊尝试某个想法时，不要说“不”，而是要说“为什么不呢”。当涉及学习内容相关的方式方法、细节情况和具体时间时，允许学生提出自己的意见，即便你知道他们的想法是行不通的，也要让他们冒险一试。如果我们希望改变发生，那么失败是不可避免的一部分。当学生经历失败时，他们会被迫寻找其他解决方案。如果你预期班里的学生可能都会遭遇失败，那么可以将失败视为通往成功的必要步骤，学生可以从中获得成长。我们可以鼓励青少年去试错，并以此作为学习的途径。

鼓励学生去冒险，培养他们的韧性。这样，即便不能成功，学生也会逐渐感受到迈出第一步的益处。例如，如果某个学习中心的学生被要求围绕一篇文章或新内容进行小组讨论，但他却不像老师那样了解该部分内容，那么这个学生可能会传递不正确的信息。这并不是一种糟糕至极的情况。当学生事后对这种不可避免的疑惑进行反思时，你可以以提问的方式对其表示认可。此外，为学生提供一些资源，让他们能够进行自我检查。这种经历可能会让人感觉有些混乱、缺乏条理，但这并不意味着学习没有发生。我们希望让学生勇敢去尝试，即便他们遭遇挫折，我们也可以为其提供书面或口头反馈的支持。

不是每一次冒险都是以失败告终。有时教师可能害怕学生成功。如果一个学生提出的想法比我们的更有创意，并且有机会将其付诸实践，那我们应该怎么办呢？即便有些担忧，但我们要认识到这是最理想的情况。如果想让学生进步，我们需要依靠学生以及我们自身的协作能力。

- **制定游戏规则。**为了看到班级学习情况的全貌，你可以将桌子拼起来，形成学习中心专用桌。对每个区域进行彩色编码，并为之命名。将每个区域与学习中心所需材料的位置匹配起来。例如，蓝色的桌子是艺术中心，因为书写工具、纸张、黏土和卷笔刀都在附近，触手可及；黄色的桌子是图书馆区域或阅读中心，因为这个地方距离书柜很近。就这样标记4—5个区域，你的学习中心就可以启动了；如果试用后发现这种排列布局不太理想，你随时都可以对其做出调整。

  根据教室空间的布局，安排学生的学习位置。一开始，你可以根据你自己感知到的舒适程度，将学生分配到不同的区域学习。按照和睦相处的原则，对学生进行分组，并有策略地选出各组的组长；这样，每个中心至少有一个人愿意并随时做好准备主持大局。在学生逐渐熟悉这个过程的规范之后，他们可以开始自主选择在教室里的位置。

- **摆好身姿，拉近距离。**当你在一个区域陪学生一起学习时，可以转一转身；这样，你就能看到整个空间的情况。踱步而行，走向一个貌似正在“开小差”的小组，确定学生在哪里脱离了学习任务；这样，你就可以重新定义对学生的期望，并与该小组成员进行交谈。看一看这个小组是否采纳了你的建议。对于学生是否“开小差”，尽量做出否定的假设；正相反，我们要做出积极的假设。即：学生想做好；他们可能只是不知道从哪里着手而已。

教师确定各个小组的组长，让其对小组成员的专注程度进行监督和管理，或者让学生选择他们当天的组长。召集各个小组的组长，举行一场培训，为他们提供一些策略和技巧，帮助他们在小组成员精神涣散时提升团队的专注程度。

全面实施的规划

第1步：将学习重新定义为一项有趣的活动。

学习不必一成不变，像乏味的工作一样单调。学生明白游戏和娱乐可以促进学业发展，我们可以清楚地告诉学生为什么要做手头的事情，以及这些事情与他们的生活经历有着怎样直接的联系。我们应当明确学习目标，建立日常规范，展示行为示范，设定期望，营造积极的班级文化，让学生感到安心，鼓励他们大胆尝试，积极思考。

或许，我们可以在学习空间中增设一个游戏中心。设计一些游戏以强化概念或信息。有许多现成的游戏可供选择，包括拼词游戏、大富翁游戏、“猜猜我是谁”游戏等。你可以鼓励学生运用他们学到的词汇来组成单词，或者鼓励他们创造自己的游戏，并将其添加至学习中心。例如，我们在六年级社会研究课上创造了一个名为《古代中国生存大挑战》的游戏。在社会研究课上，学生们各自组建小组，并选择游戏道具。他们设计了一个棋盘，上面有背景图案（通常是中国地图），标出了起点和终点，规定了玩家在不同空间中的移动方式。一些小组甚至亲手制作了自己的游戏棋子（例如，一个小组制作了黏土兵马俑）。棋盘上的卡片或空间包含了从图书、电影片段和文章中学到的知识。在我们学习中国知识的那一个月里，这个游戏一直都摆在那里，供学生轮流使用。由于这个游戏是由学生自己创造的，因此孩子们都跃跃欲试。

学生还可以将所学内容相关的词汇添加到现有的竞技游戏中，使其与学习内容产生关联，而所有这些操作都由他们自己完成。

让学生为互动问答类游戏设计问题。这样可以减轻教师的工作负担，能够让学习体验更加个性化。当学生看到自己的问题出现在屏幕上时，他们会感到异常兴奋。你可以鼓励他们在游戏或技术学习中心创建额外的游戏，添加新的问题，并通过玩游戏来练习所学的词汇。

只需要一点点创新思维，我们就能够找到合适的方法，将现成的游戏和课程内容匹配起来。此外，你还可以创建一个独立的学习中心，让学生根据其他课程的主题设计相关游戏。这些游戏可以添加至学习中心，学生最终可以自主选择他们想要玩的游戏。

第2步：倾听学生的心声。

学生经常会提出一些建议，希望我们在学习中心添加一些元素，使活动更加丰富多彩。例如，一位学生建议在艺术中心放置黏土，这样他们就可以创建与他们正在阅读的图书相关的艺术品和模型。一旦有一个学生提出了建议，其他学生也会迅速跟进，纷纷提出自己的想法。如果学生有比较好的点子，比如在学习中心增加一些物品，推荐了一些相关的阅读材料、图书或能够增强学习体验的网站，你可以鼓励他们将这些建议写在便利贴上。你可以对纸巾盒进行一些改装，将其包裹起来，或者直接拿来使用。我们曾经让学生往盒子里投放过励志格言，而且这种盒子也非常适合收集学生的意见。这也是学生的“心声”。

一旦学生注意到你真的阅读了他们的留言，并愿意将其付诸实施，那个盒子很快就会被学生的建议填满。让学生以小组合作的形式，以这些想法为基础，设计一个理想的学习中心，确保家具和材料布局以及目标与他们的模型相一致。

第3步：展示学生的反馈。

如果你考虑学生的想法或意见，一定要告诉他们。学生应当感受到他们的意见受到了重视。当我们邀请学生给出反馈时，必须确保他们的反馈是有意义的。最糟糕的情况是我们向学生寻求帮助，却忽视学生的意见。收集完学生意见之后，要与学生逐一确认，告知收悉，可以在他们书写意见的纸张上予以说明；如果合适的话，在适当的情况下公开反馈，也可以在必要的时候私下告知学生。学生需要听到、看到并相信我们在倾听他们的意见，我们只能通过展示的方式让他们知晓这一点。在下面“沉浸式学习实践”部分，你将了解如何根据学生的自我评估，通过反思来定位他们的需求。

另一种告知学生反馈已收悉的方法是创建公告栏，展示他们的反馈和意见。如果你的教室没有足够的空间来放置公告栏，可以考虑在线上教室里留出一片区域，让学生们在上面分享他们的想法。

第4步：充分利用错误。

金无足赤，人无完人。每个人难免都会犯错，这是人之常情。关键在于如何纠正错误。当学生看到教师以冷静、合作的方式来处理问题，而不是大喊大叫和批评指责时，这种教育方式能让学生受益良多。各个年龄段的学生都需要这种行为的示范。这样，当他们在日常生活中遇到问题时，就会具备有效的问题解决工具。

对学生坦诚相待，让他们知道事情并不总是完美的，他们已经很好地迈出了第一步。让他们明白这一点：共同努力解决问题，纠正错误，而不是制造更多的问题，这种做法更有成效。因为它教会学生如何识别错误，并在情况恶化之前采取行动来解决问题。它还赋予了他们使用更高级的思维技能解决问题的能力。

当你为学生留出时间和空间来解决问题时，你的课堂教育已经达到了终身教育的目的。

如果一个错误可以迅速纠正，而不会浪费宝贵的时间，那就立即采取行动。例如，如果某个学习中心的区域不够大，无法完成某项活动，而另一个区域刚好比较合适，那就速战速决，立即做出调整。不要让错误像滚雪球一样越滚越大。但是，如果需要反思和反馈，你或许可以在反思之前组织一场快速讨论。通过这种方式，学生们可以开动脑筋，为你提供纠正错误的方法，避免让你重蹈覆辙。日志记录可以帮助性格内向的小组成员表达他们的担忧，他们不需要高谈阔论，也无须担心会遭到其他成员的反对。

在每个学习中心添加一个锚图，提醒学生接下来需要他们去做什么。学生知道如何适当地进行课堂互动，让学生创建锚图就是在赋予他们课堂上的话语权。在第5章中，你将看到关于“开小差”的行为与专注学习的行为图表的更多内容。

在每个学习中心设置一个问题与解决方案日志，让学生记下他们需要解决的问题以及可能的解决方案。使用不同的颜色标记每个日志，这样，你就能知道它们分别属于哪一个中心。在学生开始每次轮换之前，引导他们打开日志，看看他们是否需要在学习任务开始之前解决一些问题。鼓励小组成员在深入研究活动之前思考解决办法。

如果小组组长有内容记录，你要指示他们提交“问题日志”。这样就不需要你在课后逐一查看每个学生的日志了，可以节省你的时间。

一定要通过一堂微课来介绍日志的使用方式，这样，学生们就会知道他们应该在日志中包含什么样的问题。在这堂微课上，你可以提供自己在课堂上发现的不同类型错误的示例。

赋予学生这种权力需要教师足够自信。相信你的学生能够识别错误并加以改正。当你为学生留出时间和空间来解决问题时，你的课堂教育已经达到了终身教育的目的。

克服阻力

传统的课堂教学通常不注重教学过程的趣味性，而是更关注必须完成的学习内容。因此，如果学生们喜欢我们创建的学习空间，因为在这里他们能够享受学习的乐趣，那么我们的同事可能会质疑我们对学生的要求是否足够严格。这里有一些建议，可以帮助你解释学生在享受乐趣的同时也能取得良好的学习效果。

如果学生参与课堂活动，我们如何知道他们真的在学习呢？无论喜欢与否，人们总是在不断学习，但如果他们享受学习的过程，他们会更愿意投入，也能更好地保留所学的知识。想一想课后的教师专业发展培训或教师会议，培训师或演讲者有没有让会议变得有趣起来？当人们感觉到愉快时，时间不总是过得很快吗？当学习过程与愉快的体验相结合时，人们更容易记住所学的内容。

当然，大多数管理者和教师都希望看到可量化的结果。因此，考虑预先设定明确的目标，采用有形工具，如课堂末尾小测试、诗歌、黏土模型、某些软件，并据此开展教学活动。此外，在课程结束时，引入反思环节，可以评估预设目标的达成情况，同时也能让学生乐在其中。

如果教师不掌控全局，学生就无法专心完成学习任务。为每个学习工作坊设定明确的学习期望。引导学生为自身学习设立期望，尤其是对于高年级学生，他们通常已经知道什么是可以接受的行为，什么是不可以接受的行为；或许他们只需要看到张贴的提示就能一目了然。在学生对“开小差”的行为和专注学习的行为进行集体讨论之后，让小组制作一个标志，将其铺设或张贴在学习工作坊。

此外，当学生看到他们自己的或同伴的想法被付诸实施时，他们更愿意专注于学习任务，特别是当他们对某一主题感兴趣时。一旦你将学生的某个想法付诸实践，并对其表示认可，学生们就会明白他们在学习进程中应该扮演怎样的角色，因为你已经给出了示范。通过这种方式，你向学生表明，他们对自己的学习拥有自主权，而且教师愿意与学生共享学习中心的管理权。

有些学校管理者或教师可能会认为某些学生是问题制造者，而非问题解决者。为什么这些学生会被视为问题制造者呢？我们需要找出学生制造问题的原因。私下里找他们谈一谈。如果属于行为问题，告诉他们这种行为会影响到课堂的和谐，并询问他们希望你采取哪些措施来帮助他们实现学习目标。

通过发现学生的兴趣，与他们建立联系；然后，引导他们选择与自己兴趣和技能知识相关的学习中心。与学生建立良好关系，对他们产生真正的兴趣，这将为你提供不同的视角，或许能让你了解他们为什么会表现出某种行为。当学生对一堂课或一项活动充满期待时，你的教学将更加顺利。

当你看到某个问题制造者正在认真学习时，抓住时机，表扬他。这样，你就不会对这个学生做出消极的回应，而是给予其积极的反馈。当学习者做好了准备时，赋予他们一定程度的决策权，表明你相信他们可以完成任务。帮助他们在学习中心成长，履行组内义务，承担起相应的责任。

教育管理者小贴士：

我们的言行有时会让教师感到无所适从。如果你真正希望本校的教师在内容驱动的课堂上开展学习中心的活动，他们需要你的支持。如果你表示不再过分强调考试成绩的重要性，他们就可以毫无顾虑地承担教学上的风险，但你要确保自己也能做到这一点。你要做到言行一致，以减少对教师造成困惑的信息。

沉浸式学习实践

凯伦分享了她在六年级“勤智班”开展学习中心的经验。在阅读她的故事时，你可以考虑能否将其中的一部分做法应用到你的课堂实践中。

学习中心对我来说并不陌生。

在我担任幼儿园教师时，我每天都使用学习中心，鼓励年幼的孩子积极参与，并让他们保持专注的学习状态。然而，作为一名中学英语教师，在中学阶段设立学习中心与之前则完全不同。

我被分派执教三节六年级的英语课程，另外还有一节额外的中学新生班的课程。在过去，英语语言艺术教师通常负责两个主课和两个额外课时，额外课时包括阅读课和写作课，班级大约有25名学生。第二个班级的课程安排是每隔一天给半数学生上课。在这特殊的一年里，第二个英语语言艺术课上有25名学生，算是一项额外的挑战；另外，并非所有来自小学英语课的学生都需要在中学阶段参加第二个英语语言艺术课程。这个班上的学生可谓是鱼龙混杂，包括所有水平的英语学习者。我开始思考下面这些问题：

- 我怎样才能满足所有学生的需求?
- 我该如何抽出时间完成这门课程?
- 我该如何助力班上所有学生的成长?
- 开玩笑地说，我该怎样施展分身术来完成这门课程的教学——或者这种做法可行吗?

这让我回想起自己在幼儿园当老师的日子。在那个时候，我经常创建各种各样的学习工作坊，搭配聚焦教学标准的不同课程，这对于幼儿来说非常有效。班里的学生已经按照既定目标分好了小组，所以我只需要做一些小小的调整。但是现在，我能否为高年级学生创建一个学习团队呢?我能否信任他们，让他们一起努力学习，达到六年级的学业标准，他们不会分心，也不会因为过分行为而一无所获?每个团队成员是否能够对自己的学习负责，积极参与课堂，并提出建设性意见，让课堂更加生动有趣，同时掌握相关技能，成为积极的思考者、读者和写作者?

为什么不试一试呢?

我在六年级课堂上采用学习中心的想法就是这样诞生的。在全面采用这种教学方式之前，我首先征求了我的导师的意见。我非常幸运能够与一位热心助人的领导共事，他鼓励团队成员大胆尝试新事物，并就如何通过微调来改进流程提出了很多想法和见解。

第一轮：我布置教室的依据是学习任务，而非学习中心。我只开设了四个学习中心：艺术中心、写作中心、阅读中心和技术中心。

技术中心的学生被要求在特定日期前完成一项基准评估。因此，该中心包含的学生人数最多，以确保学生能在截止日期之前完成所有评估测试。

写作中心包括一个有特定主题的写作比赛，鼓励学生们据此进行创作。

艺术中心提供了一个“结识新朋友”的艺术项目，邀请学生们分享他们的兴趣爱好、性格特点、未来目标和最喜欢的图书。

在阅读中心，学生可以阅读书架上的任何一本书或他们自己带来的图书。

我本以为这样安排可以达到非常好的效果。一切尽在自己的掌握之中，每个学习工作坊都有一个任务表，上面列明了活动和目标。这样，学生就知道该做什么。每个工作坊都需要产出具体的成果，包括故事呈现、测验成绩和艺术品展示等。我购买了隔板，用它们进行分区，并在每个区域挂上了任务进度表；这样，学生就可以清楚地了解教室的布局。根据学生需要完成的任务以及收集到的每个学生的相关信息，我将他们分配到特定的区域。

他们已经准备就绪了，我也一样。但是，我并没有预料到接下来会发生什么。

结果简直是一场灾难。孩子们在写作中心不知道该做什么。艺术中心的学生也在“开小差”，因为他们在聊天，无法将精力集中在学习任务上。我收到了无数次的求助召唤，比如学生请求帮助解决电脑故障，或者提供帮助和解释。学生们不知道如何处理已完成的学业任务。一旦他们在一个学习中心完成了任务，他们就会面临无处可去的窘境，因为其他学习中心早已人满为患了。

如果有可能出问题的话，现在就应验了，我已经做好了痛哭一场的准备，伤心欲绝，想把眼前的一切混乱都抛之脑后。

虽然我花了很多时间准备这节课，也制订了一些计划，但它并不像我想象的那样顺利。这究竟是为什么呢?

我需要帮助，所以我邀请斯塔尔来我教室，帮忙查看哪里出了问题。我们一起制订了未来的计划，以挽救这种学习方式。她提议我增设更多适合学生的学习中心，并允许他们在一段时间内从一个中心转移到另一个中心。她指出，尽管实际情况没有按照预期进行，但学生们都很投入，也可以算是成功的。最成功的区域是学生可以自由选择学习内容或是非常有趣的学习工作坊。比如，阅读中心总是人满为患。

通过反思，我意识到学生们喜欢去阅读区域的一个重要原因是那里有懒人沙发和摇椅。新的学习中心需要具备特色，吸引孩子们选择它们。另外，我需要增设更多的学习中心，以减少每个区域的学生数量。我增加了一个游戏中心，学生们可以在那里玩不同的文字游戏——这是一个简单的解决方案，因为之前的同事给我留下了十块Scrabble拼词板，现在正好可以派上用场了。

第二轮：为第二轮设立学习中心是经过集体讨论后的结果。我们需要为每个学习工作坊制定一项活动，活动的时间控制在30—40分钟。每项活动需要的时间都差不多，且需要与我负责教授的课程的学习目标相一致。因此，这一轮设立了五个学习中心：技术中心、阅读中心、艺术中心、写作中心和游戏中心。当这些中心开放时，每个中心的学生人数不超过五人。根据学生之间的合作默契以及他们的能力范围，将每一个学生安排到适合他们的学习中心。如果有学生在一个中心完成了学习任务，而其他学习中心还有空位，他就可以去另一个中心。这些学习中心开放之前，针对整个班级的学生，我会开设一堂培训微课，模拟某个中心对学生的期望。之后，学生可以尝试参加该中心的活动。这让我有机会观察和解决不可预见的问题，或者澄清那些需要额外解释的地方。

通过事后反思，我发现这一轮的进展顺利多了。学生开始形成一种惯例：一走进教室，先查看学习中心的告示牌，在任务表上填写日期，然后开始完成活动。我以引导者的身份站在一旁，四处走动，仔细观察，看到哪个学习中心的学生需要帮助，就走上前去。令我惊讶的是，虽然我已经为学生们上了一节关于拼词游戏规则的微课，但很多学生仍然不知道如何玩这个游戏。我把这些观察记录下来，这样，我就能够以此为依据，引导学生朝着他们的学习目标前进。

在我为学习中心规划时，我将教室的每一个区域分别命名。

红色桌子=写作中心

绿色桌子=游戏中心

紫色区域=技术中心

地毯=阅读中心

蓝色站点=教师辅导中心

黄色桌子=听力中心

在课程规划上，我增加了一个部分，用来详细说明成功的标准，提醒学生如何将学习中心与学习目标联系起来。我还在任务表中添加了成功完成活动所需的步骤，以便提醒需要提示或错过示范性课程的学生。

我还添加了学生反思的环节。在最后的五分钟里，学生们会记录他们在课堂上完成的任务、学习效果如何以及所有的成功经验，还会思考未来能够实现更多成功的策略。这个反思环节让我更了解学生对课程活动的感受，也帮助我根据他们的自我评估来制定新的学习目标。

第三轮：这一次，我在艺术中心添加了几包黏土，并询问孩子们，在这个地方他们可以用黏土做什么。问题如下：你们能用黏土创造出什么样的手工艺品，以展示小说中的一个或多个元素？学生给出了以下答案：

- 角色任务模型
- 重要场景设置
- 相关工艺作品

根据我正在阅读的小说情节，我对小说预期的结尾进行了模拟。我制作了一个海洋中的小船和一个寻找丢失戒指的角色模型，将模型放在一个纸盘子上，并对故事情节做了简短的说明。我为这些学习项目划定了一个区域，一名学生建议我们用窗台制作一个艺术展览区，向外界展示学生的作品。这样，家长也可以前来欣赏。学生们迫不及待地想要轮换到这个中心，创造自己的手工作品，并将它们挂起来展览。这也是朝着创建另一个学生团队的方向迈出的一步，该团队负责提出学生活动的想法，并将它们付诸实践。

第四轮：在准备展示图书的过程中，我打开了书橱，发现了里面的有声读物。学生戴着耳机学习的听力中心就这样诞生啦！耳机能够隔绝来自教室其他区域的干扰，提高学生对学习文本的专注度。

我想象了一群学生一起参加读书会，共同阅读和讨论一本书的情景。第二天，我设立了一个“图书品鉴”的学习中心。我们安排了5张桌子，每张桌子上都放着5本同样的小说。我为学生们进行了微课讲解，提醒他们：

- 阅读图书的封底、封皮和第1章内容
- 查看里面的插图
- 查阅读者的评价
- 完成“五指法则”

“五指法则”是小学生常用的阅读技巧，可以帮助他们选择适合自己独立阅读水平的图书。学生们会随便翻开书中的一页，阅读该页的内容。当他们遇到一个不认识的单词时，就会竖起一根手指。如果最后没有竖起手指或只竖起一根手指，那么说明这本书对他们来说太过简单了。如果竖起了两根或三根手指，那就表示这本书的难度非常合适。如果竖起了四根或五根手指，说明这本书的难度可能过大，或者可以选择与同伴共读，或以小组的形式进行阅读，抑或将其作为有声读物。另一种选择是将这本书列入未来的阅读书单中。

我要求学生们打开笔记本，记录他们对手里的书是否感兴趣，为什么感兴趣，以及他们的第一选择和第二选择。每位学生在每张桌子上停留六分钟，然后轮换到下一张桌子。在课程结束时，每位学生都完成了对所有图书的品鉴过程。

当我在教室里走动时，我注意到有几个学生正在为作业制作学习进度表或量规。这些学习进度表非常有条理，使用了笑脸表情符号，比我要求的效果更好。这个时候，我突然想到了两件事情：1）我会在明天的课上使用学生们制作的课堂末尾小测试；2）他们的想法非常出色，除了课堂末尾小测试，学生或许可以帮助我设计更多的东西。他们可以为我提供创意，助力设立各种不同的学习中心，贡献更多的阅读和写作话题，告诉我什么东西可以启发或激励11岁的孩子，并让我知道他们的兴趣和爱好。

完成课堂末尾小测试的分析之后，我很惊讶地发现学生们对自身的阅读能力很有自知之明。大多数学生都选择了适合自己的图书。当然，我会对其中某些学生的选择感到担忧，但我会密切关注这些学生，并为其提供一些支

图1.1　一名学生在参加“图书品鉴”活动过程中正在制作图书评价的量规

持，例如有声读物或必要时为他们提供更换图书的机会。这就是阅读中心在接下来几次轮换中的演变过程。

在一整个学年，我为学生提供了八次轮换的机会。最后的两次轮换主要围绕着一个最终的天才项目展开。学生可以从三个主题中进行选择，并在李·阿洛兹创建的选项表中选择一个需要完成的主题项目。

学生首先要创建一个表格，旨在说明他们做出选择的原因和动机，然后可以开始对所选择的课题展开研究。我们班里的学生至少可以使用两种研究工具，来查找与他们的主题相关的文章。

在这次轮换之前，我会教学生如何使用我们学区提供的在线数据库。这些数据库工具有助于学生检索与他们的课题相关的文章。我建议教师咨询图书馆的媒体专家，向学生们介绍其所在学区可用的数据库。

班里的学生还使用了额外的资源，如《学术视野》（*Scholastic Scope*）和《学术新闻》（*Scholastic News*）杂志。这两种杂志需要订阅才可以查阅其最新的文章。但是，这物有所值，因为它们提供了丰富多样的小说和纪实文学故事，涵盖多种不同的类型。

当学生们全身心地投入到他们的项目中时，就会发生一些有趣的事情。孩子们在给自己布置作业。他们带来了布告板，而且还会把课堂项目带回家里继续研究。很多学生请求老师，允许他们在家里进行项目学习。从上课那一刻开始，直至下课的铃声响起，学生们都在不停地努力学习；在那一节课结束时，他们会表现得有些失落。能够见证这一切，真是太神奇了。当然，有些学生可能缺乏这种学习的动力，但看到其他学生都在勤勤恳恳地学习，这帮助那些缺乏动力的同学继续完成任务，并为最终的展示创造出完整的学业成果。

学生们会在最终的展示环节分享自己的成果，这些学业作品凝聚了他们在“天才项目”活动中的所有努力；很遗憾，我最后没能到场。代课老师告诉我，最后一节课的安排交给了学生，由他们自己决定如何展示和欣赏彼此的作品。学生对教室进行了布置，这样，就可以根据不同的主题将每个项目作品放在不同的学习中心。学生们设置了展板，并进行了一场画廊式的巡游，欣赏和评论他们同学的作品。他们将手工作品收集起来，保存好了，以备将来使用。这些作品可以展示在食堂、走廊和留言板上，供学弟学妹们参观和学习。

对于教师来说，放弃控制权是一件很难的事情，但是，当我们知道学生能够有效地承担起领导者的角色时，放权就会变得更容易一些。每个教师都希望学生享受他们的学习过程，让学生有机会在这个过程中获得乐趣，算是我们教师送给他们的一份礼物，尤其是在以学习中心为单位的学习环境中。

当你开始着手创立学习中心，并将其作为课堂学习常规时，考虑以下问题：

1. 我需要保留多少决策权?

2. 我从哪里开始让学生参与进来，以及我们如何齐心协力，创造一个充满活力的学习环境?

3. 我可以采取哪些措施，以便让学生有更多的自主权?

思考完这些问题后，你就可以更好地掌握这种新的课堂概念，促进更多学生获得学习的自主权，并为所有学生打造最真实的学习体验。

第2章

设计物理空间

设计能够激发学习的空间

一切建筑都是生灵的庇护所。伟大的建筑关乎空间的设计，它包含、拥抱、提升或激励着空间中的人。

——菲利普·约翰逊｜美国建筑师——

问题呈现：传统的教室空间不利于学生的积极参与

在传统的初中和高中，走廊上通常是一排排整齐划一的储物柜，墙壁的颜色一般是暗米色、淡黄色或浅蓝色。即便大厅里挤满了活力四射的青少年，这样一种空间仍然不免让人感觉单调。上课铃声响后，学生走进长方形的盒子（教室），室内墙壁上几乎没有什么装饰，或是只挂着一些从商店买来的海报。

自从美国开始设立学校制度，就一直使用“单臂桌”——一种固定在狭窄的课桌臂上的单人课桌。将学生限制在这样局促的空间实则是在传达一种信息，即孤立和服从。这种课桌通常会让人感到不适或压抑。想象一下，整个教室成排摆满了这样的课桌，怎么可能激发学生的创造力呢？

图2.1　传统的教室空间

抬眼望去，前方尽是同学的后脑勺，学生很少会参与课堂学习。当我们让学生成排就座时，就阻断了他们的合作，只是要求他们将注意力放在教室前方。当孩子们看起来很安静，且面朝同一个方向时，这并不意味着他们很投入。通常情况下，情况恰恰相反。实际上，这种俗套的教室布置已经过时了。

策略：设计物理空间

如果我们想要实现个性化学习与合作式学习，就必须让物理空间反映出我们的这种期望。我们可以对教室进行设计，创建各种不同类型的空间，以便在不同的日子里，激发不同类型的学生。圆桌、马蹄形桌、懒人沙发、舒适的座椅、可移动的部件和各种颜色应该填满每个教室，提供多样性选择，提高学生的参与度。

如果想让学习中心发展壮大，我们就需要赋予其多种功能。我们可以调整教室的布局，并定期进行调整，以便满足每个孩子的需求。不一定需要花费很多钱。考虑并设计适合你教室空间的不同布局方案。创造性地利用教室内外的空间，如果你可以使用走廊的话，也可以将其利用起来。

让学生参与空间的设计规划，使其成为人人共享的空间。学生可以创建一些合适的布局，并建议在特定区域放置什么物品，使其更具吸引力。邀请学生带来自己的图书、游戏、椅子和枕头，与全班同学分享。同样，允许学生根据需要将东西带出教室，保持空间整洁，并表现出一定的灵活性。

诚然，我们都会受到教室的大小和形状的限制，但我们需要发挥想象，在这四面墙内，我们如何打开学生的思维，启迪他们的心灵，让他们充分参与进来。将学生的作品和想法融入到空间的功能中，以激发学生参与课程的积极性与好奇心，并邀请他们成为空间的一部分。

可立即着手的应对之策

打造理想的空间需要时间，但是下面一些做法可以让你立马着手，改变空间的外观，以符合你的预期。

- **确定学习的最佳配置。**每个学习中心都需要配备最佳的空间。了解你的学生，确定每个中心合适的人数，你的脑海中就会开始浮现出你所期望的教室空间布置的形式。你不需要很多经费来完成这件事情。构思如何最大限度地利用教室布局，以确保所有学生都能获得他们需要的东西，保持积极参与的状态。

  使用可移动的家具，如书架、文件柜、教师办公桌和学生课桌，创建独立空间，明确限定座位，并划分空间，以减少噪声。

使用三折板，作为边界和屏障，用词汇墙、海报或课堂末尾小测试区域进行装饰，营造一种令人心驰神往的氛围。添加地毯块或瑜伽垫，利用地板空间，让学生舒适地学习。放置装有材料、图书、标牌和海报的篮子，以激发学生对学习目标的好奇心，并提供多种学习切入方式。

- **制定多种教室布置方案。**根据每个空间中学生最经常获取物品的位置，制定布置方案，确定物品的存放位置。如果你需要CD播放器、笔记本电脑或平板的插座，那就留出方便的位置。每次学生进行中心轮换时，物品的位置也要跟着轮换，比如一次使用CD播放器，另一次用平板和耳机代替。如果学生知道在某个中心可以发现新的或不同的工具，这种想法可以激发他们的兴趣，鼓励他们进入这个空间。

预留出一个地方，用来展示最终的学业作品。可以是一个用于展示模型的架子或窗台、一个用于2D项目的公告栏或海报，或者一个用于盛放课堂末尾小测试的篮子。展示台要有足够的灵活性，以便根据以往几次课程的效果进行调整。

看到每个学习中心展示的最终作品，学生们会备受鼓舞，也会想将自己的作品加入其中。这将开启学生对话，增进交流，鼓励学生提出创意，完善空间，并吸引其他学习者进入该区域。

张贴简单的教室布置示意图，让学生在学习中心的学习时间开始之前，就可以直观地了解教室应该是什么样子的。邀请学生为不同的区域想出有趣的名字，这样，他们就能参与到这个过程中来。这样一来，就总会有学生提前布置好教室，为下一次的学习冒险之旅做好准备。让这些学生成为你的得力干将，你就不必担心任何劳力问题，任何事情都不需要你亲自出马。

图2.2　展示学习中心设置的六年级教室

- **清理杂物。**大部分教师都喜欢堆积杂物，在教育预算和资源紧张的情况下，我们什么东西都不想丢掉。遗憾的是，当我们将有限空间填满了可能需要的物品时，我们就失去了宝贵的地板和壁橱空间，我们现在需要的东西就没有足够的空间。这样一来，就可能会分散学生的注意力。借助学生的力量，清点你需要的物品，捐赠、分享或扔掉不需要的东西。让学生参与其中，让他们能够对自己学习中所需的内容做出选择。这里有一个好的经验法则：如果某样物品在两年内没有被使用过，那么就是时候为其找一个新的归宿了。这样可以确保有足够的空间来为学生创造最佳学习氛围，让他们参与进来。

- **列一个愿望清单。**在你的工作区附近创建一个物品清单，当你有想法时，你就可以将其写在上面。电子清单和拍照记录你的灵感也是很有效的方法。有些电脑软件清单很有趣且互动性很强，但是需要订阅，方可长期使用，你可以列出一个这样的软件清单。询问学生哪些软件最适合用于学习中心的互动，避免过度购买。

  一旦你有了清单，就要格外留意，清单上的物品可能会突然出现在意想不到的地方。例如，当你去当地的图书馆时，可以看一看是否有售卖书或有声读物的地方。当你在城里开车兜风时，可以留意一下庭院售卖会上的二手物品。去超市的折扣货架和一元店看一看，有没有可以为学习中心添彩的物品。

  询问学生他们个人是否拥有你清单上的任何物品，你是否可以借用一下，或者他们是否有其他材料或物品建议，以便帮助他们积极参与学习的过程。

- **与学校的后勤人员搞好关系。**后勤人员对教学楼的结构了如指掌。他们清楚哪些物品被打包放了起来，知道哪些物品一直以来无人问津。一份甜点或一杯他们最喜欢的饮料就能发挥很大的作用，让你获取你的教室需要的物品。这些被发掘的物品可能需要细心护理，比如刷上一层油漆或者使用桌布将其保护起来，但它们将会让你教室的面貌焕然一新，有助于提升学习中心的参与度。

全面实施的规划

无论你教什么科目，你都可以建立基本的学习中心，实现每个课堂的总体目标。阅读中心、写作中心、听力中心、技术中心、游戏中心和艺术中心都是不错的入门选项。

第1步：反思学习中心。

好消息是，一旦你收集到了所有的物品，并设计好了学习中心的一轮活动，5—6天的课程就算完成了。考虑物品的大小和数量。你需要多少空间，才能使这个学习中心发挥作用并吸引学生参与其中呢？可以容纳多少学生同时参与其中，不至于太过拥挤，也不会分散他们的注意力呢？扪心自问，同时也询问学生，怎样把教室布置做到最好，以便于以最有趣的方式组织学习呢？

第2步：布置学习中心。

学生的学习和教师的工作都需要一定的空间。确保每个人都拥有足够自由移动的空间，避免碰撞家具或发生意外，这可能会分散正在学习的学生的注意力。将学习中心的位置分布图挂在墙上，供学生参考，向学生展示如何实现座次从成对或成排到圆桌的改变，并帮助学生适应学习方式从搭档学习到学习中心的过渡。当学生们拥有理想的空间和现成的物品时，他们就可以集中精力完成手头的任务。这有助于他们进入高效的学习状态，并实现他们的最终目标。

让学生定期对教室布置重新进行设计。由于学生是教室活动的主要参与者，他们可以给出不错的建议，更好地利用教室的地面空间，打造一个舒适的学习空间。确保教室布置符合安全要求，不要阻塞或影响紧急出口。

确保将物品放在有相关需求的学习中心附近，学生可以很容易拿到他们所需的物品。篮子、垃圾桶和可折叠的分格箱都适合用来存放物品，回收的鞋盒或带包装的复印纸盒也可以利用起来。用不同颜色标记学习中心及其所需物品，帮助教师和学生进行更好的组织和管理。这也可以帮助学生记住东西的位置，让清理工作变得更容易。

第3步：将学习中心差异化。

无论你教什么科目，你都可以建立基本的学习中心，实现每个课堂的总体目标。阅读中心、写作中心、听力中心、技术中心、游戏中心和艺术中心都是不错的入门选项。想一想，在传统课程中你是如何解决这些问题的，然后调整你的教学方式，以确保学生对此产生最大的兴趣。

- 阅读中心：使用与你的主题相关的图书和文章，创建一个阅读区。使用创造性的方式，展示该领域的物品，以吸引学生对这个学习中心的兴趣。使用篮子、书架和展示架，可以使学习中心在视觉上更具吸引力，吸引学生的关注。鼓励他们以符合自己逻辑的方式，与阅读区进行互动，并在阅读完材料后进行反思。
- 技术中心/听力中心：利用这个学习中心做研究和评价游戏，听有声读物或观看视频片段。为该学习中心配置经济实用的耳机或允许学生自带耳机，帮助他们集中注意力，并将课堂集体学习转化为其独立学习的时间。
- 写作中心：在这个区域，学生可以使用过程写作法，也可以使用成果写作法。指导学生完成海报、散文、诗歌、戏剧、短篇小说、实验报告、数学题和反思等书面写作任务，并对自己的作品进行反思。你将在第5章“全面实施的规划”部分的第2步了解更多过程写作法与成果写作法的信息。如果想要了解如何将创客空间引入你的学习中心和写作工作坊，请参阅安吉拉·斯托克曼（Angela Stockman）的著作《写作教学：将写作工作坊打造成创客空间的5

种教学策略》(*Make Writing: 5 Teaching Strategies that Turn Writer's Workshop Into a Maker Space*)和《沉浸式写作工作坊：用心创作，重新设计》(*Hacking the Writing Workshop: Redesign with Making in Mind*)。

- 游戏中心：如果现成的游戏包适合你的课程，就将它们放在这个中心，同时还可以在此放置教师和学生制作的简易游戏。词汇宾果(vocabulary bingo)、配对游戏(match)、猜谜(password)或冒险(Jeopardy)之类的游戏能够用到所学过的词汇，都可以在这个中心中发挥作用。你或许可以给学生上一堂培训微课，课程内容包括让学生以小组为单位，整体参与游戏，为每个游戏设计卡片或问题，而且学生以后还有机会在游戏中心再次遇到这些游戏。

图2.3 学生们在游戏中心进行实践和学习

- 艺术中心：对于科学或社会研究，在艺术中心，可以让学生用黏土或其他零碎的东西制作模型。在该区域添加一些物品，比如立体模型、连环画或海报，来吸引学生。

图2.4　凯伦·特威利格与她的学生在艺术中心互动

- 创客中心：在该区域放置一些零碎的东西，这样，学生就可以自己动手设计和建造物品了，如乐高积木、林肯积木、木头碎片、布料碎片、科乐思建构积木、珠子和简单工具等都是一些不错的入门选择。允许学生自带材料，增加这一空间的吸引力。

当你开始启用学习中心时，每个中心只安排一项活动，以免使学生感到应接不暇和茫然无措。确保做好课前培训和示范，帮助学生成功完成任务。学生喜欢看到教师对他们的期望的视觉展示，这样可以减轻他们在做任务时对他人的依赖心理。

每个中心的培训平均需要一到两天的时间。这样你可以对学生进行示范，展示样例，解释课堂末尾小测试，并在学生开始中心的任务之前解答他们的疑惑。让他们动手参与活动并理解活动内容，然后再引入另一个活动。随着时间的推移，让学生自己选择他们想要重新参加的活动。

第4步：观察学生。

当你拥有了基本的空间布置和行为准则时，就让学生在不同的区域中尝试一下。倾听学生的心声和反馈，并据此做出适当调整。准备一个检查表，根据你对每个区域中学生所经历的成功和困难的观察，做好相关记录。由于学生也将对他们的学习进行反思（我们会在第5章中对这一点进行详述），你可以回顾你的观察以及他们的反思，根据需要做出相关调整。

第5步：邀请学生参与共同设计。

学生们不会羞于发表意见，尤其是在你向他们征求意见的时候。让他们知道，他们真诚的反馈将帮助你改善他们在每个学习空间的学习体验，提高学习效率和参与度。对学生的反馈意见展开调查，并将信息拆分成可视化的图表，可点击按钮，一键生成。

在总结反思阶段中，你也可以将“反馈意见”纳入其中。没有完美的物理空间，但在设置学习中心时，我们可以采纳学生的意见，确保空间符合他们的需求。以下是用于收集学生意见的问题示例，以及我们六年级学生给出的回答。

问题1：
学习中心如何提升你的学习能力？

“学习中心有助于学习，因为在阅读中心，我们可以畅游书海；在游戏中心，我们可以玩一些有教育意义的游戏，如香蕉拼词游戏（Bananagram）咖啡馆和艺术活动。我们需要思考自己正在阅读的内容。”

“懒人沙发太舒服了，有助于我放松身心。”

“我喜欢游戏中心，因为我在那里玩得很开心，但与此同时，我也感受到了游戏的挑战。我喜欢阅读中心，因为我喜欢阅读，也喜欢看到那里的一些变化，所以现在当我在阅读中心时，我一心只想阅读。我也喜欢听力中心，因为我们能在那里使用社交平台，展示和分享学习的内容。”

“我喜欢在这个地方学习，因为它总是五彩缤纷的。”

“我喜欢艺术中心，因为它给了我们展示创意的机会。我喜欢听力中心，因为我们可以以不同于以往的方式阅读或听故事。我喜欢阅读中心，因为它让我们有时间放松身心，帮助我们集中注意力。”

“此外，在艺术中心，我们可以创作自己的漫画，真是太酷啦。”

“我喜欢这些中心，因为我喜欢画画，喜欢写关于我自己的事情，而且我喜欢一边学习，一边与其他人一起玩有趣的游戏。”

“我完成了未完成的学习任务，在我看来写作是非常轻松的事情。”

“我喜欢艺术、写作、游戏和阅读这些学习中心，因为在那里我总是有事情可做，从不会感到无聊。而且，当我参与这些中心的活动时，也不会感到有压力。”

问题2：
在这个学习中心学习的最大挑战是什么？

“有时候我会和旁边的同学不停地聊天，我很容易走神儿。”

“最大的挑战是教室里有很多东西，桌子也不够大，所以如果同一天想去听力中心的学生人数超过了四个，一张桌子就容不下那么多人了。”

“如果我不能集中精力，学习效果就会非常差。”

“我喜欢在红色吊篮那里玩，因为那里空间更大一些。但是，有时候，我们没有足够的学习空间。”

“不知道该写些什么。”

“有时候我们会在放置物品时遇到困难。”

“最大的挑战是和一个分散注意力的人坐在一起，或者你不知道自己在做什么。”

问题3：

为了实现学习中心的最佳效果，你将如何设计教室？（如果有必要，可以附上图表。请上交纸质版）

“我会在地毯上再多放几个懒人沙发。”

“我会让教室保持原样。我喜欢现在的布置方式，看起来非常整洁美观。有些物品是为了装饰，有些是为了学习；或许多做一些清理会更好一些，有时候流动电脑车占据了很大的空间。”

“没有懒人沙发。”

“不要铺地毯，在那个地方设置一个电脑区域。用圆桌代替课桌。”

“我会让它保持原样不变，原来这个样子就挺好。我想或许可以将一些物品从墙上移除，因为看起来有些乱。有些物品是为了装饰，有些是为了学习。可以清理一下墙上的装饰物。”

“我可能会为听力中心增加更多的插座，配备更多的耳机，还可能重新移动一下桌子，看看是否能腾出更多的空间。”

我们经常让学生填写调查问卷，这样我们就可以满足每轮学生的需求。我们会保持与学生的持续交流，并将学生的反馈作为交流内容的一部分，这样学生就会知道他们的意见和经历受到了重视。如果可能的话，我们会尽最大努力确保他们的建议得到认可和尊重，这样也有助于他们积极参与其中。

克服阻力

由于我们并不一定能够自主选择自己上课的教室，因此当我们对房间进行改造和布置时，不可避免地会偶尔听到一些抱怨或反对的声音。创建能够吸引学生进入的学习空间，同时激发他们的好奇心和兴奋感，对学生的学习是至关重要的。当人们置身于四面围墙的空间之内，每天看到千篇一律的布置时，每个人都会感到无聊，身心备受摧残。改造教室面貌能够激发学生的积极参与，而且当教师看到学生变得备受鼓舞时，也会感到干劲儿十足。与其假设事情无法实现，不如在有限的条件内寻找解决问题的办法，下面这些方法可以减轻教师对设计替代空间的忧虑。

我的教室太小了。即使是很小的空间，也可以对其进行合理规划，最大限度地利用它。了解你教室的面积以及不能移动的物品，然后设计不同的布置方案，增加学习乐趣。购买易于拆分和存放的物品。通过这种方式，学生可以在几分钟内完成活动中心的布置和拆除工作。方形地毯或小地毯可以展开，也可以卷起来，存放在角落里。当地的地毯商店更新库存时，他们可能会很乐意将过时的地毯样品捐赠给你的教室。

除了易于存放的物品之外，首先可以将桌子围在一起而不是将其成排布置。仅仅这样，就可以腾出更多的地面空间，学生和教师可以轻松地走动。使用可堆叠的储物篮，这样你就可以把它们搬到窗台或小隔间里。将教师的办公桌移至墙边，腾出更多的空间，如果有必要的话，完全可以将其移出教室。挑战学生在30秒内完成教室的布置和拆除任务。

给学生们一个机会，让他们重新思考如何利用教室内的资源，重新布置空间。看一看他们能想出什么方案，然后从中择优选择一种方案。让学生参与到教室的改造中，可以提升他们对课程的好感。这样，教师也能够了解学生心目中的最佳学习环境是什么样子。

我没有钱买新家具。没有人说教师有责任为教室购买新家具。为了提升学生的学习体验，教师已经自掏腰包，花了不少钱了。所以，不要买新家具，利用手头现有的资源，对其加以改造即可。将课桌拼在一起，几秒钟就可以搞定，可以腾出更多的地面空间，方便学生和教师在不同的区域之间穿行，不会被家具绊倒。如果你的学校允许在教室添置新家具，订购家具时要有一定的策略，选择用途广泛的家具来布置教室。此外，考虑借助慈善捐款平台获取新家具和其他物品，用于布置学习中心。

如果学校领导不允许我改变教室布局怎么办?有些学校领导对新思想可能会持不同意见。根据你对领导的了解程度，你可以选择与他们沟通的最佳方式。先让这些学习中心试运行一下，在你驾轻就熟并取得一些成果后，与领导进行交流，并邀请他们来现场观摩。在交谈过程中，保持微笑，表现出积极的态度和热情。积极的情绪是具有感染力的。

在教育教学中，推动以学生为中心的学习，你就可以自信地说，这种教学体系提高了学生的课堂参与度。请求试行一项以学生为中心的新方案，并邀请学校领导层的核心成员来你的教室，观摩这一方案的成功运行。开诚布公的交流以及敞开怀抱的姿态，正是你说服领导同意你冒险采用这种教学方式所需要的。通常情况下，校长乐意看到教师打破常规，勇于冒险尝试，尤其是当这种尝试有可能吸引所有学生参与学习时。

教育管理者小贴士：

当教师尝试使用学习中心开展教学时，给他们一些自由，让他们根据需要调整教室的布局。如果他们需要移动家具或大物件，主动为他们提供帮助；或者如果需要的话，可以让后勤人员提供支持。这样，教师就会感受到支持，并且知道你已然同意，并意识到这些变化。

沉浸式学习实践

作家罗伯特·狄龙（Robert Dillon）以创意空间的设计而闻名。在这里，他描述了教师可以做出的一些改变，教他们如何将空间设计融入学习之中。

我与学校和学区的合作旨在优化学习过程，让教育紧跟时代步伐，首要的考虑因素是公平。在学习资源和预算方面，各个学校存在巨大的差距，有的学校极度缺乏经费，几乎不能保证师生的正常教学和学习，所以，学习空间设计不能再让这一教育鸿沟继续扩大。我的工作宗旨是保证空间设计在各种情况下的实用性，让学生更想参与学习，并感受学习的快乐。在将捐赠或购买的物品添加到学习空间之前，请考虑以下七个创意。

45秒挑战

每周选择一天的上午进行这项活动，并在日历上贴上便签作为提醒。仔细检查一下学习空间的一面墙。扪心自问，墙上的所有东西是否都有助于学习。有什么东西会让学生分心吗？有没有什么杂物？养成良好的清理习惯，及时清除墙上那些对学习无用的物品，这样，你就可以有意识地优化空间。

两周一次的反馈循环

我们的教学经常是为学生设计，而不是与他们一起设计。在日历上设置提醒，每隔两周询问学生什么设计对他们的学习有帮助以及什么设计会对他们的学习产生负面影响。坚持这种做法会让你对学习空间的设计产生丰富且深刻的见解。让学生的反馈来指导你的调整方案。

设置有效期

我们放在教室周边和走廊上的物品的存在时间往往会远远超出了其实际用途的期限。避免这个问题的一种方法是为放置在墙上的所有物品设置有效期。放置一件物品，就在日历上标注一个审查日期或有效期。使用这一策略，确保教室周边的所有物品都能对学生的学习有帮助，而不会分散他们的注意力。

物品“隐身”挑战

物品会随着时间的流逝逐渐淡化为背景，但在这种情况下，它们会引起视觉噪声，无论是有意识地，还是潜意识地，都会耗尽学生的工作记忆，并从我们手里夺走他们的注意力。这个挑战就是在每周、每个季度或每个学期开始时，询问学生，教室里有哪些物品是全新的，如果他们的某些物品已经在教室中存在了很长时间，那么就要考虑这些物品可能已经不再有助于学习了。

爬梯子和坐地板

我们每天都会遵循一定的模式和惯例，它们有助于减轻压力，让我们的决策过程变得自然。当然，我们需要这些益处，但这些模式和惯例可能不利于我们关注到对学习产生负面影响的区域。坐在地板上，爬到梯子上，站在空间的不同角落，所有这些视角都将帮你从一个全新的角度看待你的学习空间。

研究活动瞬间

长期以来，体育教练一直在与运动员进行这项活动，因为收集一些学习活动的瞬间并对其进行回顾，看一看空间对学习的影响，这种做法是很有意义的。物品是否容易获取？教室里有比较拥挤的区域吗？教室里哪些区域的利用率较低？当我们有意识地观察实际发生的情况时，就有可能实现学习空间的优化。

做一个参观视频

你可以拿出自己的手机，打开摄像头，在教室里转一圈，录制一个参观视频，这是关注教室空间布置的一种新方式。神奇的是，教室空间在视频里看起来很不一样。当你手持摄像机参观教室时，你会注意到物品收集区、杂物区、难以描述用途的地方以及展示学生选择和自主性故事的地方。以这种参观视频为指南，打造现代化的学习空间。

我们设置的所有空间每天都对学生产生影响。它们要么增加学生压力，要么减轻学生压力；要么让学生感到舒适，要么让他们感到不适；要么给学生带来乐趣，提高参与度，要么削弱他们的注意力。教师要有意识地做出选择，成长为一名空间设计师。

我们教学的物理空间很重要。如果我们能够优化现有的资源，确保满足所有学生的需求，并让他们感到舒适，我们就可以为每位学生提供更好的学习环境。请记住，我们越是能有意地规划空间，学生的学习效率就会越高，也会更加投入。

思考一下你自己最高效的学习方式，并回答以下问题：

1.那个空间是什么样子的?

2.感觉怎么样?

3.什么东西会让我分心?

4.我该如何消除这些干扰？

5.什么能帮助我保持专注？

6.不同的任务有不同的需求吗？

现在想一想你的学生：

1.他们对前面的问题会做出怎样的回答?

2.我怎样才能顾及所有学生?

3.我该如何对学习中心做出调整，以支持学生在各个中心的学习?

记住，学习中心是一种很好的学习方式，让学生在较小的环境中充分参与，自然实现差异化学习，为学生提供多样化选择。学习中心与学习目标越贴切，知识的传递效果就越好，学生的参与度也就越高。

第3章

与学生一起完善学习中心

确定学生倾心于哪些选择

如果我们希望学生积极参与，需要从学生的自主性入手。

——约翰·斯宾塞 | 教育家和作家——

问题呈现：学生在选课方面缺乏自主性

教师通常被认为是其所教课程的专家。他们决定教什么、何时教以及如何教。他们制订项目计划，布置故事阅读任务，并决定家庭作业的内容。学生只需要服从安排即可。正如我们在第1章中提到的那样，教师对课堂的绝对掌控是一个严重的问题，不仅仅是对课堂氛围和管理的影响，还包括对内容的控制，我们将在本章设法解决这一问题。

学区经常采购昂贵的课程教材，并指示教师“忠实无误”地利用这些材料，这种要求剥夺了教师和学生的自主选择权。通常情况下，这些教材并不能反映整个班级学生的学习情况，而且使用这些教材所花费的时间可能会占据学年的大部分时间，导致我们几乎没有时间让学生选择他们喜欢的材料。

学生需要拥有自己的学习世界，理解他们所学的内容。当我们赋予学生自由的课程选择权时，他们就变成了我们的合作伙伴，而不仅仅是被动接受的容器；学习时也不会一个耳朵进，一个耳朵出了。

虽然教师是专业人士，但他们并不能代替学生学习，许多教育工作者只是按照他们被教导的方式开展教学。传统的授课方式默认教师掌握所有的知识，学生只是承载内容的容器。这种教学方式虽然更容易规划，但在很大程度上忽略了学生的需要，尤其是他们的兴趣。

孩童天生好奇，所以，让我们帮助他们用自己的精力和好奇心来驱动他们自身的学习。与其告诉学生们该怎么做，不如鼓励他们制订自己的计划，运用一切必要的策略来获得成功。为了让学生更加积极参与并投入学习，我们可以让他们帮助完善学习中心。当我们这样做时，我们就是在邀请他们参与教学相关的对话，共同探讨学习方法和学习内容。

策略：与学生一起完善学习中心

我们常常低估了各个年龄段学生的办事能力。虽然一开始，这可能是一个不小的挑战，但让学生有机会制定自身学习的内容和方法，将会提升课程的自主性和真实性。一些教师会首先与学生分享学习目标甚至课程计划，然后他们根据学生不同的年龄段，提出相关建议。其他教师可能会为学生提供学习途径方面的选择，而不是告诉他们需要了解什么知识以及如何获得知识。

作为教育工作者，我们需要为每个学生找到不同的切入点。当他们说话时，我们需要倾听；我们需要在他们没有察觉时对他们进行观察。通过这种方式，我们可以将控制权交到学生手中，并为他们提供最佳建议。学生需要感受到自己的意见很重要。学生需要拥有自己的学习世界，理解他们所学的内容。当我们赋予学生自由的课程选择权时，他们就变成了我们的合作伙伴，而不仅仅是被动接受的容器；学习时也不会一个耳朵进，一个耳朵出了。师生合作的课堂能够创造理想的学习环境，激发学生强烈的求知欲。这种课程以真实而有意义的方式促进学生的全面发展，并得到所有孩子的支持。学习中心能够自然而然地实现这一点。虽然建立课程结构很重要，但我们可以超越刻板的规定，允许学生开始自主决策，因为结果对他们的影响最大。

以学生为中心，制定课程规划，并征求他们对空间布置的意见，有助于让学生参与到教学决策中来，即便他们对此还是很不习惯。大多数学生都很愿意按照教师的要求去做，但我们可以优先让学生了解课程内容以及如何在中心活动中对其做出调整，满足他们自身学习的需求。

可立即着手的应对之策

如果我们计划让学生参与课程内容的规划并提出一些想法，我们需要确保内容易于理解，并教会他们在谈论学习时使用合适的语言。一旦学生了解了本学区的教学要求，掌握了合适的语言，他们就可以帮助你做出更好且更有针对性的选择。这里有一些建议，可以帮助你立即着手收集学生的反馈意见，以便于你根据他们的需要对学习中心做出调整。

- **鼓励学生发声。**鼓励学生将想法写下来，放入建议箱。重新利用纸巾盒，并在每个中心放置一个。这可以为学生提供一个简单的反馈方式，在任何时候，他们都能够将自己的想法投入其中。定期检查这些盒子，以确保学生的意见能够得到及时处理，不会被忽略。如果你希望更多的学生参与到这个过程中来，可以在下一次中心轮换的反思期间，留出一些时间，让他们阅读其他学生的想法，并让他们就这些想法提出自己的观点。

- **使用电子表格对学生进行民意调查。**使用电子表格进行民意调查。许多免费的线上应用程序和网站可供教师使用，以简单易读的形式提出问题并收集学生的答案。由于这些应用程序在不断更新，我们要大胆询问学生他们最喜欢使用哪一款。若要查找更多解决方案，请在线搜索有关最佳民意调查应用程序的博客，然后选择你所信赖的博客网站。

  向学生发送一份电子版民意调查表，其中包含以下问题：

  - 哪个学习中心能够满足你的学习需求？
  - 我们是否遗漏了什么，或者你想要添加什么内容？
  - 新的学习中心可能会是什么样子，以及它将如何支持我们的课程？

- **与学生交流。**当你在教室里走动时，与学生小组和学生个人进行公开交流。如果听到有人抱怨学习枯燥无聊，可以询问他们建议开展什么样的活动，然后做好记录，或者鼓励学生将自己的想法投入建议箱中。如果学生不感到无聊，而是对学习不感兴趣，就询问学生什么东西会导致他们产生这种感觉。学习内容？授课方式？学习方法？还是同一个小组的同伴影响？以一种温和的态度询问学生，直至了解他们抱怨的实质所在，这将有助于我们制定一个更好的改进方案。每一次交流都是促进学生实现学业进步的机会。始终记住一点：交流过程以学生意见为主导，让学生多发言。我们只是提出一些明确的问题。

- **让学生提前了解一下未来的学习内容。**例如，在学习非小说类文章的阅读理解技巧时，对学习中心的活动做出一些调整。在你选择一篇文章之前，首先就学生感兴趣的话题在全班进行民意调查。然后，不要只给出一篇文章，而是增加几篇不同主题的文章，让学生自行选择。

教学生如何寻找阅读材料。引导他们向图书馆媒体专业人员寻求帮助，并利用图书馆内的期刊，或搜索可用的数据库。有些学生，尤其是上进心很强的学生，会主动研究并找到他们感兴趣的主题文章。然后他们会问老师，找到的材料是否可以在中心使用。有些学生会因为同学找到了阅读材料而激动不已，并且会有动力去阅读同一篇文章。根据目标策略，学生可以选择需要阅读哪篇文章，当然，他们也可能会阅读中心提供的所有文章。如果第一篇文章没有激起学生的兴趣，这就为他们提供了切换文章的机会。

你也可以围绕一个主题设计学习中心。对学生进行民意调查，了解他们喜欢哪些主题。如果你有太多的想法，无法集中到一个特定的主题上，让学生选择他们接下来想学习哪一个主题。例如，如果一个阅读主题是关于克服障碍的，你可以提供与这一主题相关的各种诗歌、短篇故事、小说和非小说作品。为学习中心选定一个主题，以及你想要探讨的阅读策略。允许学生自主选择阅读哪些文章，以达到最终的策略目标。并非每个学生都需要阅读相同的文章才能达到最终的目标。

全面实施的规划

第1步：利用调查数据。

一旦完成民意调查，了解到了学生的兴趣以及他们对学习中心提出的一些可行想法，你可以将这些数据利用起来，建立一个满足学生需求的学习中心。我们希望学生知晓他们的意见受到了我们的重视，而且需要清晰明确地表达这一点。简而言之，确保学生看到你正在为此付诸行动。

也许学生们想要一个以某项特定活动为特色的学习中心。参考学习标准和可用材料，并将这些想法融入学习空间之中。当学生看到你在采用他们的想法或意见时，他们会更加投入，会给你提供更好的反馈，并帮助你想出更多的创意。

随着时间的推移，学生将根据自身需求提出建立不同的学习中心，并且他们会更加坦诚地表达自己的需求。例如，我们的一个学生提到了需要一个“补救”中心。他提议将这个中心作为学生完成作业的地方。询问学生想要看到什么样的内容，并利用他们的想法，为你的教学方案提供补充。

保持开放的态度和一定的灵活性，并尝试采用学生的想法。如果有效果，那就算是成功了。如果没有奏效，要对学习中心进行反思，并通过留言箱或信息征集表的形式，征求学习小组的意见，看一看还有没有其他选择。

第2步：对接学习标准和学习目标。

约翰·哈蒂(John Hattie)对可见的学习的研究表明，认知任务分析，或强调意图的策略，对学生成绩的效应值[①]为1.29。这表明，学生对自己学习的原因和方式越了解，他们取得的学业成就就越大。作为教师，我们有机会将与标准相符的目标嵌入到教学任务中，使学生能够内化这些技能和目标，

---

① 效应值是统计学中量化现象强度的数值，其绝对值越大表示效应越强，即现象越明显。——译者注

并对比周围同学的表现，更好地评估自己的表现。

我们需要确保学生理解相关标准。在我们的教学、讨论和评估中，让学生了解标准，并使用他们熟悉的语言表达，有助于学生直接将其与自己对内容和技能的理解联系起来。一旦学生了解了学习标准，他们就会明白为什么要学我们正在学习的东西，他们也将能够更有效地专注于学习。

在收集数据以及与学生交流时，记得使用这些目标。在课程结束时，给予学生时间进行反思，并根据这些标准和目标进行自我评估。他们可以问自己：

- 我今天能达到目标吗?
- 我如何知道自己已经达到了目标?
- 我有什么证据证明自己已经达到了目标?
- 我需要在哪些方面继续努力?

当学生知道学习目标是什么时，你会发现他们对学习更加投入。

第3步：帮助学生理解学科课程的专业术语。

当每个人都使用相同的语言时，你会发现这种情况更易于进行有效的交流。帮助学生理解你将要教授的课程内容。首先，引导学生进行团队合作，在课程地图中重点突出那些重复出现的词语和生词。根据你所教的年级高低调整这项活动，这样，你就不会让任何一个学生掉队。

指导学生使用这些关键词和定义建立一个锚图，便于他们在完成和设计项目时随时参考。他们还可以设计一个课程的“速查表”，无论是电子演示文稿还是纸质文本，都可以方便存放在文件夹或笔记本中，以便随时查阅。

让学生为游戏中心设计一款游戏，使用通用的语言，为学习创造一些乐趣，引入一些竞争。允许他们通过你的电子教室访问游戏，完成家庭作业和学习中心的学习任务。

在每个学段重复这一步骤，让学生了解他们在整个学年将要学习的内容。设定对学生的期望，并为他们的项目设计和中心布置提供工具。

第4步：提供持续建言献策的机会。

正如我们之前提到的那样，使用表格、调查和建议箱可以帮助我们快速收集学生的意见。让学生参与这个过程的另一种方法是“团队时间智囊团”（Team Time Think Tank）。

在一轮的中心轮换之后，通过分析你从孩子们那里收到的调查反馈，为智囊团会议做准备，并利用反馈帮助组建优先选择的小组。询问学生喜欢哪些学习中心，至少选择两个，避免某一个学习中心人满为患。如果某个中心缺少成员，可以征集学生志愿者，让他自愿转移至该区域。

在每个学习中心，为学生提供记录纸和记号笔，以便小组记录他们集思广益的结果。允许小组使用技术进行研究，并获取与他们计划的主题相关的材料。例如，如果班里的学生决定开设一个戏剧中心，你可以提供几个不同的剧目供学生选择。这样可以使智囊团更加高效，并有助于团队成员集中注意力。

设定一个计时器，计时大约15分钟，以便团队成员可以进行头脑风暴，展开理解和分析，并在计时结束后创建可行的课程。如果你注意到学生正专注于任务并且正在为之努力，但他们需要更多的时间，可以适当延长时间。通常增加5—8分钟的时间就能解决问题。

当你收集学生的初始想法时，将他们轮换到不同的区域；这样，他们就可以对其他人写下的内容做出评估。为学生提供一些便利贴，方便他们添加额外的想法和创意。在学生进行中心轮换时，让他们在自己最感兴趣的活动旁边做一个标记。这种快速评价应该只需要一两分钟的时间。设置一个计时器，供全班学生使用，并在蜂鸣器响起时要求他们按照严格的时间限制进行轮换。

当各个小组回到原来的位置时，请学生盘点一下他们给出的想法，看看哪一个得到了最多的计数标记。让学生分析学习目标，并制定与计划活动相一致的目标。

在建立智囊团之前，向学生展示你如何规划一堂课。通过现实场景的演示，让学生能够看到专业人士如何处理手头的任务。

当小组成员聚在一起集思广益时，走访每一个小组，并给他们一些提示，帮助他们想出更好的主意。给出一些鼓励性的评价，比如：

- “这部戏剧的结局有些出人意料。”
- “想一想你以前用过的一些课堂末尾小测试策略。”
- “你试过在网上搜索想法吗？”

俗话说，“三个臭皮匠，赛过诸葛亮”。智囊团集思广益的方式可以激励学生一起合作，相互交流意见，并解决问题。这种积极和兴奋的氛围具有很强的感染力，你会看到学生们迫不及待地等在教室门口，火急火燎地想进入他们参与创建的中心。只要与标准相符并且学生也能积极参与其中，为什么不试一试呢?

如果你计划使用民意调查的形式作为补充，确保你提出的问题能够让你听到学生的真正意见。当我们对六年级学生进行民意调查时，我们收到了这样的回复：

你觉得在学习中心学习能提高你的英语水平吗?

- “我觉得这很有意思，不会感到无聊。它给了我更多学习英语的动力。”
- “我喜欢在中心学习。特别是特威利格老师允许我们选择自己想去的区域，这让我很开心，而且，她还允许我们将球棍放在中心里，我也很开心。”

你喜欢在哪些学习中心学习?

- “我喜欢所有的学习中心，因为在我看来，所有的中心都没有毛病。”

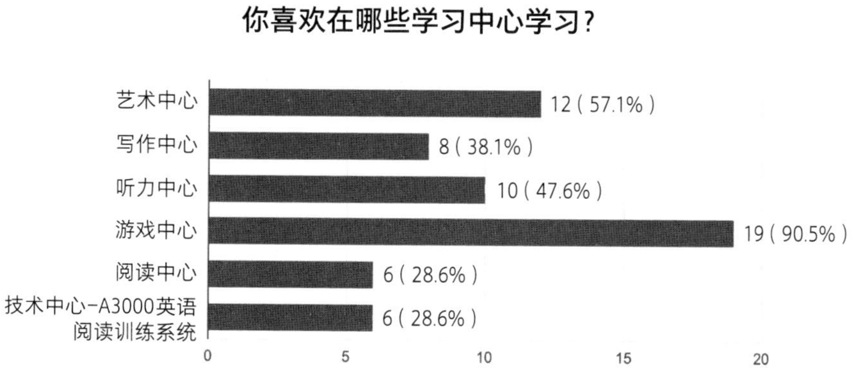

图3.1　关于学习中心的民意调查结果

你为什么喜欢自己选择的学习中心？解释原因并举例说明。

- “游戏中心：我知道几乎所有人都喜欢这个中心。我喜欢它，因为它让英语学习变得有意思了起来，而且互动更多，有助于我们理解英语。我只是喜欢艺术中心，因为我喜欢画画。”
- “我喜欢艺术中心，因为我曾在那里制作过一本漫画；我喜欢游戏中心，因为我喜欢玩串串词连环（Boggle）游戏；我喜欢阅读中心，因为我非常喜欢阅读。”
- “我之所以喜欢在中心学习，是因为我喜欢和朋友们在一起，比如在艺术中心，我们可以一起表现自己的创意。我喜欢游戏中心，因为我们不需要做很多任务，就像是度过一段短暂的休闲时光，而且我喜欢阅读中心，因为我们只是在那里放松身心，让我们的思绪平静下来。”

- “我喜欢阅读中心，因为我喜欢阅读，而且地毯区很安静。我还喜欢A3000英语阅读中心，因为那里的文章非常有意思。游戏中心也非常有趣，因为那里经常有新的游戏。”

你是否曾经为某个学习中心提出过活动建议或是提议建立一个新的学习中心?

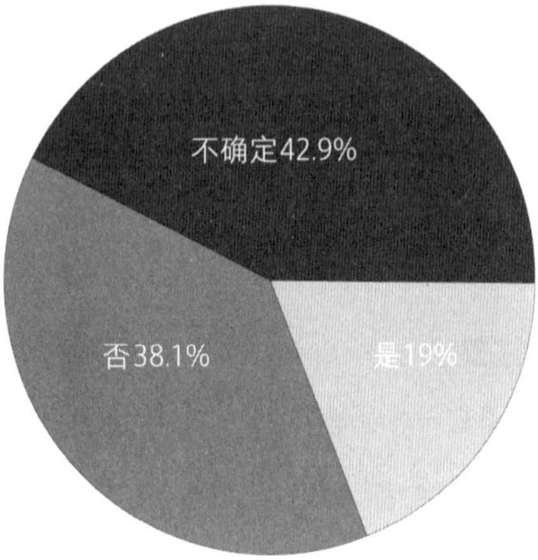

图3.2

如果你向某个中心提出了活动建议，它被采用了吗?请说明一下这个活动是什么，以及它是如何被加入该学习中心的。

- “是的，我的建议被采纳了，我推荐的是戏剧。”
- “是的，在游戏中心，我想要一款新游戏，而拼词游戏就是完美的选择。对于接下来的中心活动，我建议添加香蕉拼词游戏和另一款新游戏。”

你想在学习中心添加什么活动?

- “在写作中心，我们可以写诗。”
- “我认为在写作中心，应该允许学生创作一本小说或非小说类图书。我通常对小说有很多想法，其他人也是如此。”
- “在阅读中心中组织一个活动，将我们读过的故事表演出来。”
- “或许可以在听力中心播放音乐，如果有人早早地完成了任务，并且去了其他大部分的中心的话。”

如果你为某个中心提出了建议，你对其在该中心的展现方式有何感受?是否能够如你所愿?

- “我提出自己的想法，表达自身意愿，以此对学习中心进行调整，我感到非常自豪。”

我对新中心的想法是：

- “我认为应该建立一个博客中心，或许我们可以在网站上发布内容，并且整个班里的学生都可以在上面参与讨论自己正在读的书。”
- “我认为听力中心或许很有趣，因为有时我无法集中精力读书，其他中心的人都在说话。”
- “戏剧中心。”
- “我认为博客中心是一个不错的选择，我们可以创建一个关于图书的‘英语语言艺术+’频道，并进行分享。”
- “完成作业中心。”
- “卡通中心。”

如果让我以团队成员的身份为学习中心设计活动，我会选择……（2—3个学习中心）

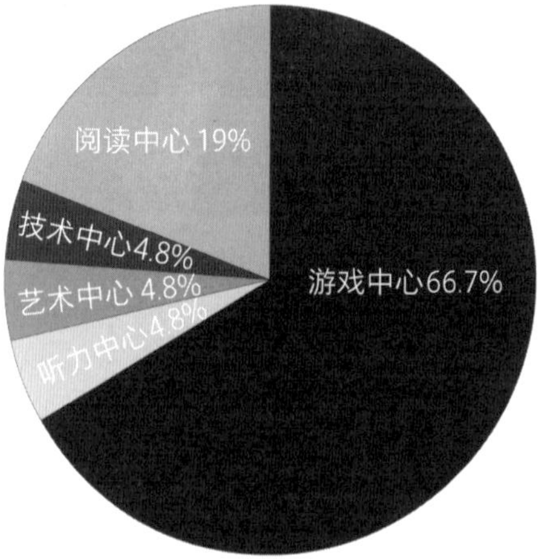

图3.3

针对阅读中心的一个活动建议是读一部戏剧。下面这四部戏剧，你想让全班同学读哪一部?

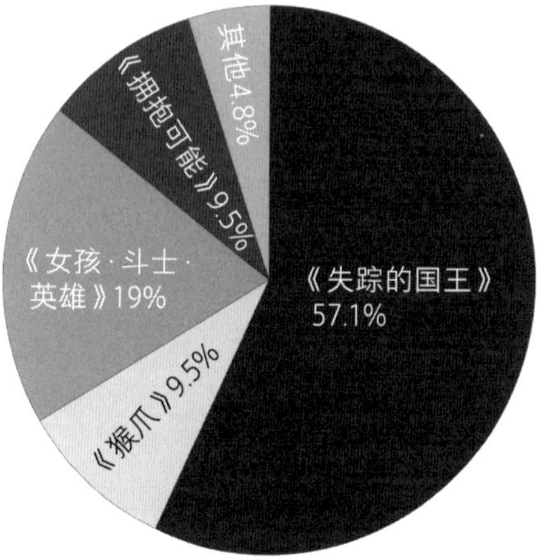

图3.4

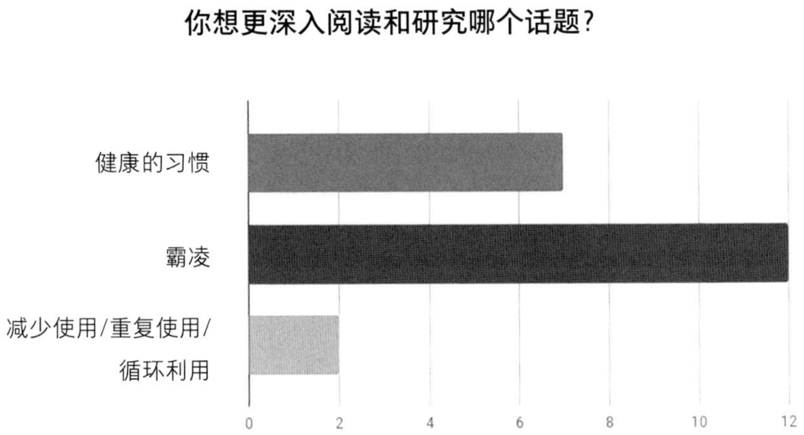

图3.5

为什么你会选择这个话题？请具体说明。

- “我选择这个话题是因为了解一些健康的习惯总是很好的，有助于保持我们的身体健康。”
- “我之所以选择这个，是因为我想更多地了解霸凌问题以及如何杜绝这种问题。”

第5步：制作一份可选择的清单。

一旦形成定期收集学生想法的惯例，创建一个EdCamp①形式的公告栏，让学生为自己的学习做主。EdCamp在内容展示和形式方面都具有一定的灵活性，演示者不必提前给出意见。可以是一个值得探索的简单问题，也可以是一个你想要了解更多或进行专业研究的话题。想象一下，将你的中心打造成一种EdCamp形式的学习体验，每个轮换周期进行一次。这种类型的中心

① EdCamp是参与者驱动的会议，通常称为“非会议”，没有预先安排的议程，而是根据与会者的兴趣和需求进行构建。——译者注

适合学习内容的复习或回顾；可以在单元学习结束时、总结性评估之前或新学期开始时，抑或是当你希望学生探索时进行这一活动。也可以在学段中期使用，取决于所分享信息的深度。提供不同层级的知识架构，参考本章“沉浸式学习实践”部分杰西卡·西米尼的做法。

克服阻力

虽然许多教师认为学生需要对自身的学习拥有自主选择的权利，但他们不知道从哪里下手，也不知道如何维持这种学习状态。从理论上来说，这主意听起来不错；但这样一个系统的执行需要改变做事的常规方式。让学生掌管课程进度意味着赋予他们重要的决策权，并给予他们完成任务所需的时间。在这个过程中，你几乎必然会遭到同事的反对。你可能会听到下面这些反对的声音。

没有足够的时间。教师肩上的担子越来越重，负责的事情越来越多，时间变得非常宝贵。然而，当我们邀请学生参与学习规划时，我们可以在规划方面节省一些时间。建立一个15分钟的“团队时间智囊团”。组建学生智囊团的团队，进行15分钟的头脑风暴。在这个活动中，全班学生以小组为单位分工协作，寻找学习资料（比如文学作品、有声读物、游戏或任何能够提高学习者参与度的材料），设计学习活动（如艺术项目、写作项目，供各个中心的学习者使用）。一旦这些结构建立起来，就能减少时间的浪费，让我们将所有时间充分利用起来，以各种方式向前推进学习。

学生们会心生懈怠，逃避责任。有些学生可能会有这样的表现，就像有些学生在传统的教学环境中一样偷懒；然而，教师和团队领导可以慢慢地引导懈怠者重新回到正轨。有些策略可以帮助“开小差”的学生重新集中精力，比如在白板上设置计时器，教师来回走动，观察学生进度，拉近与学生的关系。

注意学生逃避学业责任的原因。

- 学生是否不理解学习材料?
- 对他们来说是不是太难了?
- 他们是否忘记了该做什么?
- 他们是缺席了"图书品鉴"课程吗?

一旦你有了问题的答案，一点点的关爱可能就是学生所需要的，鼓励他们重新投身学业任务。

学生的活动计划或许不够严谨。这取决于学生的态度。如果是学生感兴趣的话题，那么这项活动可能比教师的计划更严谨。在某些情况下，学生计划可能需要经过两次轮换，或需要分解成几个步骤。如果学生的创造性活动缺乏严谨性，作为引导者，你可以随时对他们的活动计划进行微调，将两种想法结合在一起，或者要求学生添加缺失的内容。试着以伙伴的身份，在学习中心与学生坐在一起，向他们展示一个创作者如何通过有声思维的方式来改进他们正在进行的项目。

教育管理者小贴士：

赋予学生学习内容的自主选择权需要一些时间。所以，在他们完善想法的早期阶段要保持耐心。教师需要通过丰富内容的选择来指导学生，而且，在困难时期为教师提供指导也是很有帮助的。在保证不偏不倚的情况下，允许教师发泄他们的沮丧情绪；如果出师不利，在他们想要放弃时，做好准备，说服他们继续坚持。

沉浸式学习实践

科学教师杰西卡·西米尼分享了她如何在七年级的课上使用类似EdCamp的中心模型，鼓励学生进行更深入的参与。在阅读她的故事时，想象一下，这在你的课堂上会是什么样子。

几年前，我参加了我的第一次EdCamp活动，就迷上了它。我喜欢这种完全放飞自我的会议形式。在参加EdCamp时，与会者可以提出研讨会的主题，选择自己的时间安排，并根据需要在不同场次之间轮换。学习的形式和节奏都由自己把握。参与者只获取他们所需的内容，并根据自己的需求对研讨会进行调整。如果这对教师有效，为什么不能对学生起效呢?

尽管我非常熟悉自己所负责的教学内容，但我总是知道每个学生的需求，也了解他们的短板。此外，我们学校的目标是教会学生积极地自我评估，并在察觉到有需求时，设法满足其自身需求。我在课堂上使用类似EdCamp的中心模式，让学生有选择地学习，并让他们根据自身需求进行探索，同时培养他们的自主性和自我导向能力。有些学生可以非常熟悉所学内容，但是他们没有分享的义务，学习中心就可以为他们提供分享自身专长的机会。

在一场真正的EdCamp上，所有的研讨会主题均由与会者提出。如果要将这种方式用在学生身上，在正式开始之前，最好对你班里的学生小组做一下评估。在开学后前一两个月，我不会采用这种方式。我喜欢先了解学生的思想和行为、学习能力和专注程度，然后再做决定。对于一些学生小组来说，我允许他们自行提议建立什么学习中心；而对于另外一些学生，我会替他们提前做好决定。中心决策权的收放情况甚至可以在一天的不同课程中有所不同。

对于大多数学生小组来说，我发现最好将这两种方法结合起来。我通常会要求学习中心涵盖某些主题（例如那些在评估过程中被证明是困难的主题或对未来学习更重要或有必要的主题），并允许学生提议其他的主题内容。在教室前方或所有学生都能看到的地方，说明每个中心涵盖的主题及其在课堂中的地位。我喜欢指定教室的一个区域，将其留给那些希望安静地独自学习的学生。

我教七年级的科学课程，每年我都会进行一个关于动能与势能、简单机械和摩擦的单元教学。我们会围绕所有主题进行几项实验，使用计算机模拟能量转换，针对所学内容进行测试和测验，并完成一个投石机建造项目，将我们在该单元中所学的内容全部融入其中。在最后的单元评估之前，学生EdCamp研讨是复习我们所学内容的理想方式。我提议设置一些中心，用于计算动能和势能、减少摩擦，学习简单的机械如何使工作更轻松一些。

我们可以增加一个专门用于完成实验的中心（即便没有实验设备，他们也可以完成实验期间未完成或需要进一步完善的问题分析），还可以增设一个计算机中心，让学生使用模拟器（该中心需要进行严密监控）。我还想创建一个“进阶中心”，学生可以在这里参与高中水平相关主题的学习。通常，我发现自己心中想要的学习中心与学生的建议不谋而合。

如果这些是我自己想要创建的学习中心，那么在研讨会提案中，我会慢慢将他们引导至我知晓的需要涵盖的主题上。但时不时地，他们会想出一些出乎我意料的点子。

在确定了要建立哪些“工作坊”之后，我会提醒学生，他们可以去到一个中心，因为他们需要别人的帮助，或者他们想要帮助他人。学生们可以在不同的中心之间随意移动。在一个中心完成任务后，他们可以自由地转移到另一个中心。我们不使用计时器或严格的轮换规则。只要学生们保持高效的学习状态，他们就可以在教室里自由活动。

经过多次实施，我发现大多数学生能够明智地利用他们在EdCamp研讨的时间。我们有一群既能教又能学的学生，这种组合相当不错；这些学生善于弄清楚自己需要什么，并去相应的地方获取所需。如果已经对整个单元进行了自我评估和反思，这种方法尤其有效。此外，我会在课堂开始前或上一节课预留出短暂的时间，让学生来反思和确定自己的优势和不足，以便他们可以为EdCamp做出适当的决策。EdCamp的好处在于它可以用于各种活动，例如单元或考试复习、项目研究或完工以及实验任务。学生们喜欢拥有自主选择权，他们会主动承担责任，以便能够在未来类似的学习任务中继续保持自由。

虽然州课程要求可能预先决定了我们在不同区域的学习内容，但是我们可以与学生分享学习内容和学习方式，让其成为其中的重要组成部分。学生参与选择的程度越高，他们就会越投入，而中心提供了更多选择和发声的机会，让学生们在学习方式以及学业成就方面拥有更多的发挥空间。

当我们决定如何以及何时在我们的空间中采用学习中心时，我们必须始终牢记，孩子的个性将决定我们如何分享决策。根据学生的具体需求，空间的每次改进都应有所不同。我们需要努力创造一个让学生痴迷的选项清单，这是一个微妙的平衡。让我们保证学生每天都渴望回来学习，并激励他们成为终身学习者。请考虑以下问题：

1. 为了激励学生每天都想回来学习，我该如何调整当前课程的教学方式?
2. 我该如何鼓励学生成为终身学习者?
3. 我该如何实现更有针对性的小组教学?

第4章

授权意料之外的领导者

系统组织小组教学，提升学生领导力

有些人生来具备领导力，有些人通过后天的努力获得领导力，有些人则被迫展现出领导力。

——莫里斯·弗拉纳根 | 英国商业大亨——

问题呈现：整班教学方式容易导致学生被忽视

许多教室人满为患，狭小的教室里挤满了30多名学生。在这种教学环境下，教育者通常倾向于采用整班教学的方式，主要关注中等水平的学生。如果我们没有进行适当的差异化教学，而只关注中等水平的学生，就会忽略太多其他学生的需求。

尽管面向整个班级学生的教学貌似是最高效的方式，但仍然存在不足之处。例如，自信的学生可能会主导课堂时间，而内向的学生则可能感到不需要参与。通常情况下，那些最聪明的学生则会学着敷衍了事，完全不参与课堂，除非教师对他们的学业责任提出特殊的期望。

中心活动的独特设计旨在为学生提供良好的机会，以小组形式进行合作式学习，确保每位学生都能积极参与其中，让偷懒的学生无所遁形。

也许一开始我们甚至都不知道我们的学生是谁，这是一个很大的挑战。学生需要被看作是独立的个体，老师需要腾出时间，了解每个孩子，并在教室中赋予他们自主权；在这种情况下，才有可能实现这一点；这样，学生就不会将自己置身事外或是把教室当作炫耀自我的舞台，哗众取宠。

此外，整班教学也不利于我们掌握合适的课堂节奏，不能真正衡量和照顾班里每个孩子的学习进度。

太多时候，我们要么在加快进度，要么在放慢速度，却失去了让学习真正发生的宝贵的“实践”时间。

不论有无教师领导，开展中心教学可以促进学生进行小组协作，在此期间，为学生留出自主空间，扮演教育思想领导者的角色。中心活动的独特设计旨在为学生提供良好的机会，以小组形式进行合作式学习，确保每位学生都能积极参与其中，让偷懒的学生无所遁形。

策略：授权意料之外的领导者

由于我们希望所有学生都能在我们的学习环境中不断成长，我们需要将他们有效地分隔开来，以便每个学生都有机会对自己的学习负责。通过分而治之的中心教学策略，教师可以创建更小、更全面且更具个性化的空间，让更多的学生参与到学习中来。这种组织方式会让那些习惯于偷懒的学生无处遁形。

利用课堂数据进行策略性分组，可以减少那些喜欢出风头的学生对课堂时间的垄断，同时也能鼓励内向学生敢于发言。当我们创造出合适的环境时，就会涌现出一些我们意料之外的领导者。

作为教育工作者，我们的职责是创建必要的学习环境，降服那些自以为是的学生，并激励内向的学生勇于承担领导责任。每个人在学习中都扮演着至关重要的角色，我们必须向学生清晰地表达我们的教学目标，以避免出现意外情况。学生共享各种学习角色，每个人都要承担自己的学业责任；这样，我们就可以保证学生学业的成功，学生和教师都能从中获得相应的回报。

在这个模式中，你可以按照第2章中提到的方法设立不同的学习中心，以满足特定数量学生的需求。你可以完善这些学习中心，以达成既定的教学目标，并为学生提供机会，让他们主导自己的学习。你无法时刻兼顾所有区域，所以学生可以在必要时接手管理，因为你现在正在扮演不同的角色。

可立即着手的应对之策

由于小组学习的方式可能会让人望而却步，我们想要确保学生做好学业成功的准备；同时，也希望我们自己做好教学成功的准备。采用以下建议，让你的学习中心开始运转起来，在相对较小的学习空间中，关注那些突然涌现出来的领导者，并对其进行培养，赋予他们一定的权力。

- **识别有指导能力的学生"专家"。**当有学生遇到困难或是需要额外帮助时，让某些学生扮演"万事通"的角色，为同学提供支持，因为你很多时候总是分身乏术。这些"专家型"学生与他们的同学有共同语言，能够以同龄人的视角为同伴提供帮助。建立一个专家锚图，并让学生在图表上写下自己的名字；这样，有困难的学习者就可以向每个小组的专家寻求帮助，解决问题。然后让专家们将他们帮助同学的过程记录下来，并对这些经历进行反思。这些学生“专家”将成为教师未来决策的宝贵资源。

- **创建促进学业责任的角色。**鼓励各小组选出本组的领导者（组长），组长负责确保小组成员专注于学业任务，并关注中心的学习目标。让组长收集小组相关的数据，帮助他们实现对某一学习中心的正确领导，找到成功的方法。当小组成员聚在一起团结协作时，走近该小组，向他们简要介绍学习任务，并让他们设计一份检查表，说明每个小组的责任以及任务分配情况。始终确保小组成员需要进行认知参与，而不只是让他们忙活起来，仅仅为了完成任务。
- **公开展示领导者角色轮换榜单。**在教室的显著位置，公开展示领导者轮换榜单。操作起来非常简单，只需在教室里挂一个班级花名册，轮到哪位学生担任某个中心的领导者，就让这个学生在自己的名字旁边打钩。让那些毛遂自荐或被同学举荐的学生先打个样，首先担任领导角色；这样，那些需要更多时间考虑担任领导角色的学生就有了学习的榜样。确保学生做好标记，明确自己在哪个学习中心担任领导角色以及自己的表现如何。这也将是他们可以进行反思的一个方面，我们将在第6章中讨论这一问题。
- **探寻让所有学生表达自身意见的方法。**一旦你了解了学生的兴趣，可以利用这些信息，在每一个学习中心，鼓励那些性格内向的学生扮演更加重要的角色。问他们一些问题，比如："我注意到你还没有担任过领导者角色。你喜欢艺术，你愿意今天在艺术中心担任团队的领导者吗？"询问学生，并给予他们接受或拒绝担任领导角色的机会，这可以帮助青少年学生抓住机会，勇于尝试，敢于冒险，迎接挑战。

- **用冰糕棍抽签决定。**这一工具很简单，可以确保每个中心的学生都能表达自身意见。让学生在冰糕棍上写上自己的名字，然后随机选择一根，以此来分配不同的领导角色或回答问题的机会。如果有些学生因为还没有做好准备而感到有些不适，可以先放他们一马，暂时不让他们参与抽签。鼓励他们勇敢尝试，如果需要的话，允许他们打电话向朋友寻求帮助。

  如果你注意到学生互帮互助，可以让他们担任当天所在中心的"专家"角色，为其他同学提供帮助。例如，当学生在游戏中心玩一款新游戏时，有些人可能之前与家人一起玩过这款游戏，他们就成了"拼词游戏专家"。因此，当学生们对这个游戏有疑问时，他们可以首先去找"专家"寻求帮助。这样，你就有更多的时间去帮助其他学生了。

- **留出轻松的闲谈时间。**当学生进入教室和离开教室时，你可以每天都在相同的地方与他们寒暄一番。与学生快速攀谈，让他们反思或分享他们对即将到来的课程的兴奋之情，或者谈一谈他们喜欢当天学习中心开展的哪些活动。利用这个机会，给予学生鼓励或赞美，勉励他们继续努力，争取扮演更重要的角色。听一听学生叽叽喳喳的谈话声，真正了解学生内心的真实想法。

全面实施的规划

第1步：建立自主选择体系。

午餐后，学生满怀期待地进入教室，拿起他们的文件夹和课堂开始小测试，然后去选项板上选择一项活动或课程。他们与朋友一起进入教室，这样他们就可以选择同一个区域，结伴学习，互相帮助。他们越早到教室，选到心仪已久的学习中心的机会就越大。每个区域的空间有限，一旦名额满了，该中心将暂停接纳学生，直到有人退出为止。当所有学生选择完毕时，活动就可以开始了。

为学生建立一个固定的选择流程，让他们知道如何选择学习中心，这是保证课程学习顺利开始的关键。利用你的心愿清单，选择一些适合该课堂部分的“心愿体系”，或者使用海报板、索引卡、书籍索引口袋和冰糕棍自行构建一个选择体系。 如果你同时带多个班级的课程，可以使用相互匹配的彩色冰糕棍，为每个班级进行色彩编码。在学生到达教室之前，确定每个中心的学生数量。当学生进入教室时，让每个学生将他们的冰糕棍放进开口的箱子里。见图4.1。

关于学生人数，我喜欢将每个学习中心的学生人数控制在4—5人，这有助于小组成员保持专注。如果某个中心的人数已满，可以放入一根红色的冰糕棒来表示该中心的人数已达到上限。

在学生到达学习中心时，引导他们记录日期和活动，然后回顾中心的目标。根据任务量的大小，有些学生在课堂结束之前就能完成任务。如果出现这种情况，在其他学习中心还有空余位置的前提下，可以让他们轮换至该中心。让已经完成任务的学生扮演“专家”的角色，去帮助他人，或者允许他们独立阅读图书、杂志或短篇故事，直至课程结束。

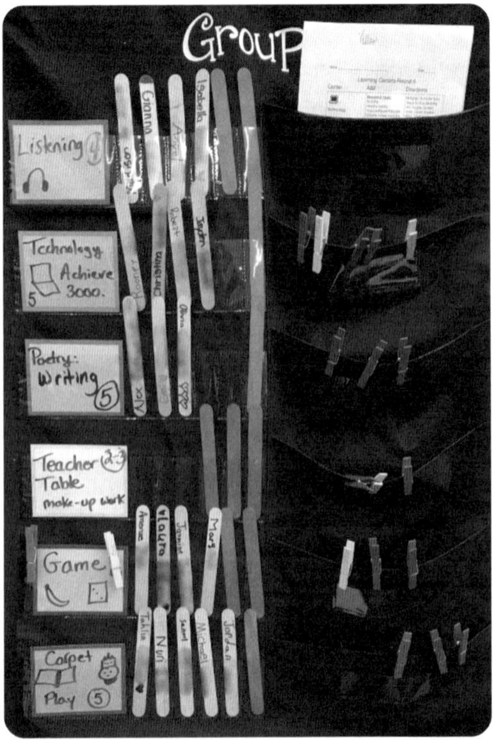

图4.1　学习中心自主选择体系（使用写有学生姓名的冰糕棍）

第2步：让学生设计自己的角色。

赋予学生自主权，自行选择自身角色，让学习中心更加高效。在游戏中心，分配角色或许相对容易一些，因为游戏本身会决定他们需要扮演怎样的角色。例如，在玩拼词游戏时，你需要一个记分员，可能还需要一个计时员。如果学生们想要发挥创意，他们还可以加入一个“词匠”的角色，记录那些得分最高的单词或者与本周课程的词汇相关的具体词汇。像写作中心这样独立性更强一些的中心，可以关注学生正在进行的特定任务，他们是在进行修改修正、同伴评阅、写作实践，还是在头脑风暴呢？也许在这样的中心中，角色并非必不可少，但我们可以将决定权交给学生。

当你建立了中心定期轮换机制时，让学生利用人际交往技巧，并通过创造适合他们的角色来展示他们对学习期望的理解。他们可以在课程开始时记录这些角色，然后在课程结束时利用部分反思时间，反思自己的学习效果如何。当同一学习中心再次面向新学生开放时，我们可以向他们展示之前的角色；这样，新学生就可以看到之前学生的学习进展，并根据需要进行修改。将这些角色记录下来，以便将来进行分享。

一开始，你可以提供一份选项清单，明确中心的角色及其职责，供学生选择，但如果清单上的内容不适合学生的需求，你可以鼓励他们创建新的角色和职责。

第3步：为每个中心建立责任机制。

与学生共同设定成功的标准。与他们一起探索每个中心所涉及的技能，并要求他们确定在课程结束时怎样才算成功完成任务。由于我们已经在第3章中教过学生如何理解课程安排和课程标准，他们已然知晓评估自己学习的必要性。例如，在阅读中心，学生经常会以小组形式开展阅读活动，并进行类似于文学圈的讨论。如果我们想让学生在某一堂课上对自己的学习负责，从学生的角度来说，应该是怎样一种样子呢？基于对具体课程目标的理解（在此之前已经给过他们）以及学生对所学技能的理解，让他们制作一张图表或标准清单。（通过整体教学，教学生如何在学习中心之外完成这一任务。）清单内容参考如下：

- 我能够阅读指定的页面任务。
- 我会在阅读时做注释或笔记。
- 如果有必要，我会对文本提出质疑。
- 我会与同伴讨论自己在阅读文本时遇到的问题。
- 我会将自己的阅读内容与其他文本联系起来。

你应该能看出这里的重点。根据某一特定中心的特点，学生可以构建"我能"或"我会"的表述，展示他们在课堂上所能做的事情。然后，在对学习进行反思时，让他们用这种表述来分享他们有什么收获，以及下次需要在哪些方面继续努力。

一旦你从学生那里获得这些学业责任评估，你就可以确定他们是否从每个中心得到了自身所需。

第4步：做好反思计划。

设置一个定时器，让它在课程结束前八分钟响起，让学生反思他们在某一中心的学习过程。你可以向学生提出一些问题，比如：

- 我在这个中心学到了什么？
- 我如何判断自己是否成功完成了学业任务？
- 我获得了什么成果？
- 我今天使用了哪些策略？
- 我下一次可以使用什么策略？
- 我下一次将重点关注什么？

将反思列表放在目标列表的背面，并引导学生在反思时参考学习目标。为学生创建一个提交回答的区域。针对他们的回答，给出简单的评价，并与他们展开交流。在进入下一轮中心之前，请他们重新阅读自己的反思内容，查看评价，并为进行下一步的流程做好准备。

第5步：利用反思做好未来学习中心的设计。

反思列表可以让教师了解学生的想法、感受和学习情况。学生可以在反思内容里分享哪些方面做得很好以及哪些方面做得不好，更重要的是，如果他们能够表达清楚，他们可以解释其中的缘由。利用这些信息，考虑整个班级或个别学生的需求和期望，重新调整或完善学习中心的活动。

当你浏览学生对自己在中心的学习反思时，你会发现许多学生想要在某个中心花费更多的时间。这是一种积极的反馈，说明学生非常喜欢某个学习中心。利用这些信息，重新设计学习中心的布局，以更好地满足学生的需求。如需了解更多与学生共同创建学习中心的方法，请参考第3章。

在阅读学生的反思时，记录下他们的动态和异常情况，以便为未来的轮换制度提供参考。

克服阻力

当然，让学生进行自主学习，听起来是一个不错的计划，但这并不意味着它一定能够实现。至少你的一些同事可能会这样说。当我们决定给那些意料之外的学生赋权时，我们有时必须要经得住批评的声音，勇往直前，因为我们知道我们正在为学生做出最好的决策。那么，你如何应对这些批评者以及他们抱怨的声音呢？

学生不能独立地实现互相领导。不论何时，当我们给予学生自主学习的机会时，很容易默认一种“学生不能”的态度，但事实是学生是“能”的。太多时候，教师对于放弃控制权总是有太多顾虑，这不利于我们培养学生自主合作的学习习惯。在教室和学校其他地方，我们必须尽一切努力，让各个年龄段的学生都能够在没有成年人干涉的情况下进行合作式学习。一旦我们做好了规划，并建立起了常规，学生就可以在没有教师监督的情况下取得长足的进步。这样也可以让教师得到解放，根据课程需要，顾及更多的学生。

有些学生天生就是领导者。虽然学生具有独特的个性特征，其中一些具备领导天赋，但我们除了要看到那些被推选担任领导角色的学生，还要关注到那些不太可能会主动承担领导工作的学生，赋予他们领导的权力。此外，我们希望以一种成长型思维模式，鼓励学生承担领导职责，发挥先进典型的模范带头作用。如果我们的学生暂时不能担任领导者的角色，那并不意味着他们不能成长为领导者。当我们在学生身上看到并指出这些品质时，他们也会开始在自己和同龄人身上看到这些品质。

为多个小组编写计划的工作量对于任何一位教师来说都太大了。你可以将这部分工作内容视为重构自己所教课程的框架。教师仍然需要教授一定的课程，帮助学生掌握相关技能或技巧。不要连续上两个星期的大课，而是要以微课的形式教授同类课程。然后，学生可以在中心继续学习并完成更多的任务，教师不必等待全班学生完成相同的目标才能继续下一步的教学安排，学生也不必坐等教师重复相同的内容。学生可以按照自己的进度安排学习，一旦成功完成任务，他们可以继续进行下一个目标。如果需要额外的帮助，引导者（教师）或其他学生可以及时伸出援手，或进行重复教学。

整班教学的效率更高。效率更高并不意味着效果更好。在以学习中心为基础的课堂上，教师仍然会采用微课的形式进行整班教学。这样，教师就可以为学生留出更多时间，让他们有机会参与课程的实践环节。在每个中心进行差异化教学。小组领导者可以灵活地观察本组成员的学习情况，给予他们

教育管理者小贴士：

当一位教师承担这项工作时，作为管理者，你可以主动为其提供帮助，协助观察学生情况。不要以管理者的身份介入，而是以同事的身份，撸起袖子，做好攻坚战的准备。要么计划与教师一起参与某一特定中心的活动，要么在孩子们貌似需要帮助的地方适时提供支持。有时候，在早期阶段给予学生更多成年人的关注，可以减少混乱。准备好享受乐趣吧！

一对一的关注，或者根据学生的需求进行小组指导。

沉浸式学习实践

凯伦·特威利格在她六年级的课堂上得到了学生乔希的帮助，她向我们展示了自己给学生赋权的实践。

乔希每天走进教室后，都会径直走向书架，看看他可以挑选什么书来阅读。英语老师理想中的学生，对不对？

他喜欢阅读，也喜欢与教室里的任何成年人交流，但对于写作实践，他并不是那么感兴趣。

我之前遇到过不愿意进行写作实践的学生，却从来没有过像他这样直言不讳地表达自身意愿的学生。如果我试图帮助他或问他出了什么问题，他会

图4.2 学生将他们关于学习中心的问题、想法或困惑写下来，并放入这个金色建议箱中，供教师查阅

说："我不知道""我不确定"或者"我什么都不记得了"。不管我问什么问题或提出什么建议，他貌似对解决问题都不感兴趣，只是继续埋头看书。

当全班进行结伴学习或小组合作时，乔希都会从这种情况中抽身出来，独自一人坐着，要么坐在阅读中心的懒人沙发上，要么坐在远离所有社交活动的桌子旁。

在与他的父母交谈后，我发现这对乔希来说并不是什么新鲜事，他在写作方面一直存在困难，但阅读是他的兴趣所在。帮助乔希参与写作实践的方法是慢慢与他建立一种良好的关系，并向他展示自身表达的重要性，不仅仅是口头表达，书面表达也同等重要。

这个过程并不容易。

一开始，我让他自己独立学习，后来，我成了他的学习搭档。在这段时间里，我们进行了交流，他会针对我们下次可以做什么提出一些想法。这个时候，金色建议箱就派上了用场。从第一天开始，我就向学生介绍了金色建议箱，并告诉他们这是我们进行沟通的方式。在这里，任何人都可以提出疑问、想法或问题，我会查阅其中的内容。

当乔希分享他的担忧和想法时，我会鼓励他将其放入金色建议箱里；这样，我就不会忘记了。他起初持怀疑态度，但我开始收到他的笔记和想法。他提到学生们喜欢画画（他也喜欢），孩子们喜欢设计连环画。这是他的第一个被付诸实践的想法，我们据此创建了一个新的学习中心。创作漫画小说成为艺术中心的一项活动，在六年级学生群体中风靡一时。（如果想了解如何通过漫画和视觉叙事来教授学生高阶思维，请参阅什维塔·V. 米勒的《沉浸式漫画小说》一书。）

当他看到自己的想法得以实现时，他说："我简直不敢相信你读到了我的想法。"

一旦学生看到我阅读了建议箱中的建议并采用了其中的想法，建议箱很快就被塞满了。有些建议的来源令人非常意外，尤其是来自那些通常表现得安静且顺从的学生。我的桌子上散落着一张张小纸条，上面写着一条条建议，等待被付诸实践。学生们在创造课程，我所要做的就是寻找资源。在某些情况下，学生甚至会提出资源或网站的建议，供下一轮中心轮换时使用。

其中，成功转化的一个中心是“教师辅导中心”。这一创意来自需要时间完成课堂作业（特别是写作任务）的学生。当我看到乔希选择这个中心时，我感到很是惊讶。他积极参与活动，并专心致志地修改自己的作文。当他来交作文时，他走到我跟前，兴奋地宣称这是他写过的字数最多的文章：整整三页。

后来，当我的坚持于事无补时，另一位意想不到的领导者出现了，我发现一位女生经常会跟乔希交谈，他们之间的友谊开始建立起来了。二人经常会去同一个学习中心。他们相谈甚欢，共同参与诸如阅读讨论之类的对话，并就他们正在阅读的图书展开深入的讨论。通过小组讨论的内容，我们可以清楚地看到这一点，这些讨论是有意义的，也是能够发人深省的。

在这位女生的调查反馈和反思中，她提到自己想成为一名教师。她认识到自己有耐心以及重新表述和解释指导的能力，她经常与需要鼓励的学生一起学习。事实证明，这对每个学生都是有利的，就像教室里多了一个教师。在观察到她与同学们的积极互动后，我把她拉到一边，表扬她帮助同学，并对她鼓励同学参加活动的能力表示赞赏。

有了这位学生作为榜样，当其他学生在中心遇到困难时，他们很快就学会了如何在中心互帮互助。

随着时间的推移，乔希变得越来越得心应手，甚至爱上了一些写作活动。他成了班里的真正领导者，经常向建议箱中投递建议。他的许多建议都是关于如何改善写作中心的。我们在中心轮换时采用了他的想法，既增强了他在写作方面的信心，也改善了他与老师和同学之间的关系。他成了写作中心的专家，能够帮助那些在写作方面有困难的学生。对比他在新学年开始时对写作的消极态度，这是一份我始料未及的礼物。

学生的领导能力会在我们最意想不到的地方得到锻炼，当我们创造一种允许他们发表意见的氛围时，我们就会有更大的机会发现那些能力非凡的学习者和领导者。请思考以下问题：

1. 我之前是怎样让班里的“无名英雄”保持沉默的?

2. 我如何利用中心来帮助内向的学习者展现他们的领导能力?

3. 如果学习中心可以为学生提供一些实践的机会，会以一种怎样的方式帮助学生提升他们原有的能力呢?

当我们创造出理想的学习空间，让学生敢于表达自己的意见，分享自身的想法时，他们就能够在课堂上拥有一席之地；这样，课堂也不会被教师或自信的学生所垄断。所有的孩子都可以成为领导者。我们只需要为他们点亮一盏灯，照亮他们前行的道路。

第5章

提高学生责任的标准

让学生进行自我评估

个人责任不仅仅是认识到自身的错误，而且还在于我们独立自主以及与他人合作改正这些错误的意愿和能力。

——耶胡达·伯格｜作家——

问题呈现：评估是教师一个人的事情

教师组织测试和评分，提供反馈意见，并决定谁对谁错。你是否在每一章中都见识到了以教师为中心的教学所面临的一些挑战？在传统的教学环境中，教育工作者负责一切评估工作。从设计任务到确定学生成功与否，教师负责一切学习相关的事宜。这种单一的评估者往往会削弱学习的真实性，影响评估的客观性。

太多时候，教育工作者会对孩子们的知识和能力做出假设，对需要调整的问题做出错误的判断。当教师工作与学生实际隔离开来，主观臆断地决定学生正在学习的内容时，他们可能会错过孩子们实际需要的教学内容，最终导致学生的学业失败，而且还可能会营造出一种充满敌意的环境。

评估远比是非对错更为微妙和复杂，而学校大概是世界上唯一一种特殊的场所：一大群人（学生）呈现其作品，评估者却只有一个人（教师）。对于教师来说，这通常是一项繁重的工作；如果教师能够放弃对评估工作的掌控，我们将更好地帮助学生成长。学习中心可以自然而然地将全班学生分成不同的学习小组，为我们提供更立体的画面，帮助我们了解学生已经掌握了什么知识以及他们能做些什么。虽然整班教学也可能实现这一点，但许多学生在一个比较大的集体中可能会迷失方向，而仅仅使用一种评估方式并不能真正了解孩子们所掌握的知识和能力。

有针对性的学习中心是这一难题的破解之道。学生的自我评估以及由学生设计的与特定教学目标相一致的评估有助于学生展示他们自己已掌握的知识，并让他们更多地参与到自身成长过程的记录中来。

策略：提高学生责任的标准

并非所有学生一开始都能自然而然地进行自我评估，因此，我们需要明确地对他们进行示范，并教会他们如何进行自我评估。首先，明确目标，使用学生能够理解的语言表达：他们正在学习什么以及为什么要学习这些内容？然后，举行一次论坛活动，让学生以多种方式分享他们已有的知识和能力。一旦他们能够设定目标并讨论自身面临的挑战，我们就可以为他们提供尽可能全面的学习体验。

评估应该是从多个角度进行的。我们所看到的可能不是事物的全貌，尤其是当我们遇到完全抵触学习的学生时。我们不能因为他们没有参与学习，就放他们一马或是直接让他们挂科。有意义的自我评估可以让每个学生分享和交流他们的学习经历。通过这些分享和交流，我们或许可以从中看到之前忽视的东西，即那些可以让学生取得学业成功的一面。

在此基础上，利用课堂时间与学生交流，围绕他们的反思进行对话；这样，你就可以对每个学生进行精细化和个性化指导。采用小组对话或一对一面谈的形式，让学生参与到问题讨论中来，对学习中心的运行情况进行更好的评估。采用各种评估，鼓励学生选择与其学习目标和具体需求相一致的学习中心，以便进一步进行个性化的学习。

最终目标是帮助学生成为其自身学习的倡导者，要做到这一点，我们必须向他们展示如何认识、反思并修正他们自身的行为。

可立即着手的应对之策

你可以立马采取措施，帮助学生开发工具，成功地确定他们能够在中心实现成长和进步。最终目标是帮助学生成为其自身学习的倡导者，要做到这一点，我们必须向他们展示如何认识、反思并修正他们自身的行为。一旦他们这样做了，他们就是在朝着个人目标和期望前进。

- **创建反思表。**在课程结束前，留出三到五分钟的时间，让学生根据学习中心的目标来评估自身的学习情况。可给出以下提示：
    - 我的目标是什么?
    - 我是否完成了自己的目标?
    - 我如何判断自己是否成功?

前几次，教师可以亲自示范如何创建反思表，或者让书面表达能力比较强的学生与全班学生分享他们的反思表。在每个学习中心提供示例，提醒学生在小组中独立学习时如何做到这一点。

- **选出小组组长分析行为。**让学生做你的助手，这样你就有时间关注那些更需要帮助的学习中心。让组长记录本组学生的专注行为和“开小差”的行为，并在看到小组成员有太多不良行为记录时，及时提醒小组成员。当组长看到这种情况时，让他们及时帮助本小团队重回正轨，并在课程结束时向你报告，根据需要提交记录表。如果学生在课程初期偏离任务太远，让组长召唤你过来，以免学生在中心浪费掉整个课时的时间。
- **在你们的对话中加入元认知[①]。**无论是进行有声朗读或是有声思维活动，还是与学生分享例子，都可以使用元认知语言作为模型来讨论你们的学习实践。例如，你可以说：“当我思考如何解决这道数学题时，我认识到了自己解决问题的步骤。首先，我研究了数字的排列方式，然后选择了想要使用的策略。当我尝试第一种策略时，它并没有奏效，但我没有气馁，而是想到有多种方法可以解决这个问题。我花时间思考自己可能会在哪些地方犯错，放慢了节奏，接着尝试了不同的方法，最终成功解决了这个问题。”

帮助学生思考他们的思维过程，并使用他们可以理解的语言与之进行交流，向他们展示如何以一种有效的方式进行元认知学

① 元认知是指对认知的认知，关于个人自身认知过程的知识以及调节这些过程的能力，对思维和学习活动的认知和控制，简单来说，就是“思考你的思考”的能力。——译者注

习，尤其是在特定中心的学习环境中。

- **让社会目标成为学习目标的组成部分。**在学生开始中心任务之前，让每个小组进行头脑风暴，提出可接受和期望的行为，以及非期望的行为。

在他们学习生涯的这个阶段，中学生知道教师期望怎样的行为。然而，我们让学生创建清单，就是赋予了他们自主权，并重申了在学习中心课堂上合作所需要遵守的社交礼仪；他们在学习中心的个人和团体需求或许看起来与传统课堂有所不同。

表5.1　学生专注学习的行为和“开小差”的行为

专注学习的行为	“开小差”的行为
• 玩游戏/创建游戏 • 遵守规则 • 专心致志	• 交头接耳 • 打断别人讲话 • 向外四处张望/做白日梦

我六年级班里的一些学生制作了一个T形图，上面写着期望的行为，比如：使用室内音量，专注于任务，向团队成员寻求帮助，保持中心清洁，适当使用材料，有礼貌地提出不同意见。非期望行为包括大声讲话，说话太多（交头接耳），进行其他活动，与他人争吵以及游荡到其他区域。

其中一组甚至在课程结束时根据中心发生的事情修改了他们的图表。参见图5.1清单中添加的最后两条内容。

专注学习的行为
• 玩游戏/创建游戏 • 遵守规则 • 专心致志
“开小差”的行为
• 交头接耳 • 打断别人讲话 • 向外四处张望/做白日梦 • 尝试制定或改变规则 • 乱扔纸条

图5.1 一个学生描述学生专注学习的行为和“开小差”的行为列表（最后两条是额外添加的内容）

在学生完成锚图制作之后，将其张贴在学习中心。一旦这些行为变成了常规，可以更改张贴的内容，展示期望的学生行为或学生榜样。

全面实施的规划

第1步：在标准中融入学生易于理解的语言。

在为小组活动做准备时，花时间带领全班学生共同学习课程中经常涉及的重要标准。列出这些标准，用学生能理解的语言，与他们一起重写标准，并将新的标准描述张贴在教室的公告栏上。鼓励学生将表单保存在文件夹或活页夹中，以便在反思和设定目标的过程中参考相应的标准。公开透明的学习环境有助于学生理解他们正在学习的内容、为什么要学习这些东西以及如何取得成功。这还可以帮助学生将标准与他们现在所处的具体中心联系起来。清晰的表述有助于让学习经历变得更有意义。

当学生填写自己的目标表（见表5.2）时，鼓励他们添加自己感觉熟练或精通的标准。思考他们是如何知道这些标准的，他们将来会以哪个标准为指导进行学习，以及哪个学习中心可以帮助他们实现目标。使用所有学生都能理解的语言是避免产生困惑的关键。

第2步：教学生认识学习的过程和成果之间的差别。

有些学生可能想要匆忙完成整个中心的学习过程。他们只想把事情做完，不想花一丁点儿时间来评估他们正在产出的成果。在适当的情况下，展示学生范例，并讨论如何在每个中心完成这样的范例。针对认真学习、努力学习、修改和获得建设性的同伴反馈，让学生给出自己的回应，帮助他们理解学习的过程和最终的成果之间的差别。

与学生一起制定准则，限定学生在每个中心花费的大致时间。限定时间的长短取决于你的课程时间。确定学生是否可以在限定时间结束后转换至另一个中心，如果可以，如何在不分散其他人注意力的情况下转移至下一个中心。

建立课堂结束的常规流程，例如完成的项目作品、课堂末尾小测试和反思表放在哪里，以避免课堂结束时乱作一团。使用带有颜色编码的篮子和相应的口袋文件夹是一种很好的方法，可以系统地收集每个班级以及学习中心一整天已完成和未完成的任务。

第3步：建立公告栏，将社交技能和认知技能分开展示。

当学生们在每个中心活动时，拍下照片，并对照相应的技能，将照片贴在公告栏上。在公告栏上展示完成的项目、作业和形成性评估，并用标签说明学生达到了哪些标准。当管理人员来访时，他们可以在这里看到在你的教室进行的一切学习活动的缩影。

步子还可以迈得再大一些，让学生负责决定公告栏上的发布内容。这不仅能让学生承担责任，成为你的合作伙伴，帮忙在教室张贴物品，而且还可以减轻教师的工作量，帮你节省不少时间，不需要你一个人忙活着更换和发布学生作品。

“捕捉”学生在积极社交情境中的表现。当学生参与丰富的对话，轮流发言，互相帮助或分享想法时，抓拍其中的精彩瞬间。将这些照片张贴在教室的公告栏或教师网站上，如果得到允许，也可以将其发布在社交媒体上。请注意你所在学区关于在网上发布照片的政策！（通常情况下，如果学生未满18岁，你必须获得家长或监护人的书面许可后方可发布。）

第4步：将公告栏作为参照点。

将公告栏作为学生在每个学习中心和家长会/教师会期间的参照点。随着学习进度的推进，让学生使用照片（如果使用数字化作品集的话）或实体作品（如果使用纸质作品集的话）建立一个作品集，以记录他们整个学年在每个学习中心取得的所有成就。以这种方式跟踪学生的进步，还可以帮助学生直观地看到他们自身的进步。

公告栏可以随着你的评估标准而改变，你可以放上不同的、更具体的示例，供学生参考和比较。仔细规划责任轮换制度，确保所有学生都有机会参与公告栏的制作，因为学生可以在不同的学习中心发挥自己的天赋。

第5步：提供具体可行的反馈。

不要只是针对作业的内容提供反馈，也不要以统一的方式用预先设定好的语言提供反馈，而是要从学生的反思和之前的学习中回顾学生的学习目标，并直接提供与他们关注的方向相一致的可行性反馈。考虑到学生的中心反思或你在中心组织的研讨会，这是一次机会，可以为学生提供另一种个性化的学习选择。例如，与其告诉所有学生他们是否详细完善了自己的假设，不如考虑某个具体的学生是否在详细编写程序步骤时遇到了困难，以一种有助于学生改进的方式，提供程序步骤相关的反馈。

如果某个学生已经熟练使用或精通某种特定的技巧来解决数学问题，可以鼓励他尝试另一种方法。随着问题的难度增加，学生也会想出多种解决方法。创建一个问题解决中心，让学生在这种情况下可以通力合作，尝试不同的解决方法。

在写作方面，如果某个学生在撰写一篇文章的引言部分时初次尝试不太成功，虽然你已经教过多种撰写引言的方法，你可以建议该生为同一篇文章尝试写两个不同的引言，然后对比一下，看哪个效果更好一些。

对学生的学习情况了解得越多，我们的反馈就越有针对性。仅仅给予正面的鼓励是不够的。我们必须始终鼓励他们不断改进。只是找出学生的错误并就此作罢也是不够的。告诉他们错误在哪里，并提供他们可以用来改正错误的策略。如果需要这种策略的学生数量足够多，你可以据此建立一个专门的学习中心。

第6步：与学生讨论他们的学习情况并设定新的目标。

既然学生已经对自身学习进行了思考和评估，那么就在中心的学习时间中融入谈话和研讨活动。首先与3—5名学生进行讨论。利用写字夹板上的

表5.2 学生自我评估表格的示例模板

中心目标：自我评估

中心：______________________________

日期/目标	我是否完成了自己的目标？我在哪些方面做得比较好？	我该如何改进？	新目标

检查表，跟踪记录已经与你交谈过的学生名单。要求学生将会话记录添加到他们的目标表中，并将表格放入文件夹，方便随时查看。在适当的情况下使用与学习中心相关的目标。有关资源和学生示例，请参见附录。

第7步：利用学生研讨来调整教学。

当你带着记录观察笔记的写字夹板在教室里走动时，与学生进行交流，并用学生容易理解的语言，分享你的观察结果。你可以采用以下方式开始对话：

- 我注意到……
- 你能做些什么来改进呢?
- 我注意到……我想知道你对……的想法。
- 我注意到你在……方面做得很好。
- 我想知道你如何能够在此次成功的基础上继续进步。

在考虑学生的意见时，记录这些与学生的对话内容，并根据所听到的学生的意见来规划教学。以此为起点，你将会看到整个班级的动态，厘清学生、小组和整个班级的个性化目标。根据你在这些对话中发现的情况，调整学习中心的规划。

克服阻力

尽管我们许多人都认同自我评估对学生来说是一种有效的学习方式，但有些人可能认为将评估责任交给学生会给教师带来额外的挑战。然而，如果我们想真正教会学生成为自身学习的倡导者，他们必须以一种有意义的方式确定自己的优势和劣势，而教师需要知道如何使用这些数据。以下是在学习中心进行评估责任转交时可能遇到的一些反对意见，以及应对它们的最佳方法。

学生没有能力做出适当的自我评估。我们都知道学生可能会夸大自身的知识和能力。他们甚至可能看到朋友们在做什么，就误以为自己也处于相同的水平。虽然这些担忧是合理的，但我们可以通过教学生进行有意义的自我评估来消除这种担忧。为学生做出示范，展示你希望他们以怎样的方式进行自我评估。一种简单的评估方法是使用检查表或评分表，帮助学生判断自己是否达到目标。

在一些特定的学习中心，让学生结伴，进行同伴评估。请记住，你也可以拿手里的数据记录与他们的自我评估进行比较。如果二者不一致，你可能需要进行一对一的交流，让学生真实地评估自己。

给学生评分是教师的工作。回顾我们在每一章中探讨的主题，有些教师希望亲自评估所有学生的学习情况，因为他们害怕失去对课程的控制权，而这只是忧虑情绪的另一种表现。我们需要让同事们放心，提醒他们总会有学生主动站起来，主动承担自主管理的责任。这些未来的管理者可以为教师提供帮助，尤其是当教室里只有教师一位成年人在场的时候。教师仍在一旁观察、指导和记录数据，不带有任何评判的态度。这是一种委派任务的方式，有助于教师在以学生为中心的环境中取得理想的教学结果，并获得成功的体验。

先完成一个项目或任务，然后再进行自我评估。即使只是快意一笑或微微皱眉，我们都会这样做。让我们帮助学生进行深思熟虑的反思和自我评估。当他们学会回答具体问题，比如今天他们在哪些方面做得很好或他们可以做什么来改进，这个时候，他们就开始思考自己正在创作和发布的作品的类型了。

在开始阶段，要求学生将自我评估放在目标图的后面。必要时进行审查和评论。根据这种反馈，开启与学生之间的对话，讨论学业等级评估相关事宜。有了学生的自我评估和教师反馈，你就可以确定相应的学业等级评价。如果想了解更多关于如何让学生参与评估过程的信息，请查阅斯塔尔·萨克斯坦的《沉浸式评估：在传统的分数制学校中实行无分数评定的10种方法》（*Hacking Assessment: 10 Ways to Go Gradeless in a Traditional Grades School*）一书。

学生缺乏承担责任的动力。教育工作者通常认为学生缺乏动力，也许是因为学生之前没有表现出主动性，所以教师认为学生不愿意参与学习活动。然而，事实并非如此。学生需要对所发生的事情产生认同感，这样，他们才会愿意主动承担责任。如果我们让学生参与到整个决策过程中，每日倾听他们的心声，尊重他们的意见，他们就会变得动力十足，主动承担责任。学习中心就其结构而言本身就能实现这一点，而我们在学习方法上也鼓励学生承担责任。此外，如果课堂文化充满尊重和包容，学生会更自然地参与其中。

教育管理者小贴士：

尽最大努力施行一种灵活的管理体系，让教师在开发学习中心时拥有更大的灵活性。没有唯一正确的方法，就像孩子的学习没有唯一正确的方法一样。随着每次迭代以及班级学生组成的变化，包括班级规模和学生优势的差异，教师需要“灵活性”来使中心活动得以充分开展。在可能的情况下，提供建设性反馈，避免指责教师尚未完全讲授所有内容。

沉浸式学习实践

下面是斯塔尔和凯伦的沉浸式学习实践，展示了如何提高学生责任的标准。

为了让学生更多地参与每个学习中心的评估，我们经常进行头脑风暴，想办法将自主权交给学生。我们曾做过这样的尝试：就学生专注学习的行为和“开小差”的行为建立相关规范，让学生确定每一条规范的具体表现形式。

初次尝试时，我们要求学生在每次做出专注学习的行为或“开小差”的行为时都要打钩标记，但我们貌似对此有不同的理解。因此，我们将决定权交给了学生，询问每个中心的学生：在这个中心里，哪些行为属于专注学习的行为，哪些属于“开小差”的行为？他们的回答非常准确，而且比作为领导者的我们更加严格。你可以在本章的“可立即着手的应对之策”部分看到学生给出的示例。

我们将学生制作的图表挂在每个中心，作为一种温和的提醒，告诉他们当教师走访每个中心时期望看到怎样的行为和结果。当学生们在学习中心创建规范时，表明他们对这个空间有了一种归属感。每个小组的领导者通常是由小组内部选举产生的，领导者带领本小组成员成功完成各项任务。

我们允许每个小组的领导者自己创建方式，监控小组成员的专注学习的行为和“开小差”的行为，并且在每个学习周期的反思阶段，领导者要对监控数据结果进行汇总。在完成反思表时，我们鼓励学生利用收集到的数据，回顾分析他们的得失成败，或者思考下一次应该怎么做。

不需要一个完整的中心轮换时间，行为管理系统就可以开始发挥作用了。这是一种高效的时间利用方式，让我们能够在引入全新的中心后建立起一种常规。我们组织学生制作了专注学习的行为和“开小差”的行为图表、打钩表，并组织了小组领导者的选举。全班都使用同一种语言交流体系，我们一整年都在使用这些专业表述进行交流。学生们已经非常熟悉这一常规操作，他们能够在新的学习中心“自行开展”微课。我只需要问一个问题：“我们该怎么做才能确保这个中心顺利运行？”在这次微课之后，如果我们看到了某个未来领导者展现出优秀的行动能力，我们就知道挖到宝啦。这一次，新的轮换中心是戏剧中心。在预览了各种戏剧作品并完成了一项调查后，学生们投票选出了两个不同的剧目，并以此作为中心活动的内容。这一新学习中心的设立是汤姆的提议，这个新中心令同学们兴奋不已，戏剧中心很快就坐满了人。该中心的小组成员由四名男生和一名女生组成。小组成员立马推举崔西担任组长，而她也果然不负众望，担负起了领导责任。她照搬我之前的方式，主持了一次微课。她运用了所有的策略和技巧来引导小组成员积极参与其中。她还在小组内分派任务，当小组成员走神儿时及时把他们拽回来；在课程最后的反思之前，如果还有时间，她会就剧本理解情况向小组成员提问相关问题。我希望当时能有机会录下她的精彩表现，因为她的表现堪称完美。

既然这样，是不是所有小组都很顺利呢？当然不是！正如经验丰富的教师所知，成功与否取决于团队的整体风气、全体成员的学习风格，甚至天气条件。然而，当某个小组没有像崔西的小组那样完美运行时，作为一旁的引导者，我可以使用一些工具，比如领域分析工具（proximity），与团队领导者交流，参考小组的专注学习的行为和“开小差”的行为锚图，并提醒学生注意把握好时间。

当今时代，学生责任是一个热门话题，教导学生如何开始对自己的学习负责非常重要，特别是在像中心活动这样的小组学习中，教师的监督无法面面俱到。教授学生更多元认知策略，可以帮助他们解决难题，运用批判性思维应对挑战，达到我们期望的教学效果。

当我们提高对学生的期望标准，让他们肩负更多认知自我的责任时，我们就可以花更多时间积极地教导他们如何进行反思和自我评估；这样，他们就能明白自己知道什么，还需要了解什么，以及在哪里寻找答案。当他们找到这些答案时，他们就可以设定更好的目标，并选择更合适的学习中心，进行学习实践，培养自身需要提升的技能。请思考以下问题：

1. 我的学生目前在反思和自我评估方面做了什么?
2. 当学生能够清晰地表达自身的学习情况和需求时，这将如何促进更加有益的学习环境?
3. 如何在中心活动中鼓励学生进行自主管理?

在完成具体目标的设定后，学习中心将要求学生讨论他们所学到的内容，因为这些目标将决定他们参与的活动。请记住，将这些能够帮助学生增长见识的过程利用起来，以便在进行中心轮换时，为学生提供更加个性化的指导。

第6章

审查形成性数据

反思和调整，提升专业知识水平

认识自己是一切智慧的开端。

——亚里士多德 | 哲学家——

问题呈现：课程标准缺乏灵活性

每个州都各自负责确定本地区不同年龄段的儿童应当学习的内容。一般而言，每个年级都有一套标准，随着学生的年龄增长，这些标准会参考之前确定的内容领域进行设定。然后，各个学区需要共同合作，编写课程规划，将不可调和的要求转化为适合每个班级学生的可操作的内容。或者至少会尝试这样去做。

由于一个学年的天数有限，而要教授的内容却很多，通常需要教师自行决定他们需要在特定主题上花费多少时间。很多时候，这些选择都是基于标准化测试。简而言之，学生并不是标准化的，预先设定的课程并不适合他们，强行使用标准的课程不能激发最佳的学习效果。

“数据”并不一定是贬义词。把数据视为你进行差异化教学的生命线，保持灵活性和稳健性，确保每个孩子都能实现成长和进步。

当我们匆匆忙忙地赶进度，确保覆盖所有内容时，通常会忽略中途发生的事情，也没有进行必要的调整。教学的时机难以预测，学生也都有各自的特点，因此，要确保每个学生都能够获得成功，教师不能完全依赖于预先设计的标准化教材。学习中心至关重要，可以确保每个孩子得到他们所需的东西。学习中心创建了一种小组文化，每个中心都可以满足特定内容和技能的需要，而不是采用一刀切的模式化教学，从而让每个孩子都有机会参与其中。

策略：审查形成性数据

虽然我们必须覆盖课程要求的内容，但我们还需要充分利用每天收集到的数据，以确定学生是否为下一步的学习做好了准备。我们对学生了解得越多，数据的个性化越强，学生取得的进步就会越大。我们可以通过多种方式来实现这一点。当我们有意识地设定目标、收集数据，并有意识地进行教学调整时，学生将从中受益匪浅。

为每个学习中心制定有针对性的目标，鼓励学生将精力集中在这些目标上，关注他们正在学习的技能和内容以及在哪些地方他们需要花费更多或更少时间，据此生成具体数据。关注这些微观目标，你就能对学生进行更加有效的指导。学习中心可以让你更频繁、更轻松地观察学生与目标之间的互动。学生在创作和制作方面投入了时间，而你则可以自由地穿梭其间，为他们提供支持、建议和积极的反馈。学习中心让你在整个学习过程中都能有时间来回走动，收集数据，做好记录，并与学生进行简短的交流。

利用学生反思和交流，了解学生的情况，然后与他们合作创建每日课程，以一种更规范的方式顺利完成学业任务，满足学生的需求。为了获得最佳的学习效果，我们需要综合考虑整体情况以及所有数据。

可立即着手的应对之策

“数据”并不一定是贬义词。把数据视为你进行差异化教学的生命线，保持灵活性和稳健性，确保每个孩子都能实现成长和进步。学习中心可以让你以更细致的方式进行差异化教学。

- **开始收集每天的学习案例数据。**一种简单的方式是随身携带一个带有学生名单的写字夹板，记录每个中心发生的情况。每一个课程对应一个附有学生名单的写字夹板，夹板上带有挂钩，方便悬挂，可以让你的记录井井有条，记下学生的最新动态。在与学生交谈和召开班级管理会议时，可以参考夹板上的记录，并使用简单的代码，便于记录。以下是我们建议使用的简写格式：

  off/on＝专注学习的行为和“开小差”的行为

  T (talkative) = 喋喋不休

  H (helpful) = 乐于助人

  L (leadership qualities) = 领导能力

  M (mastered) = 掌握了________

  S (struggling with) = 在________方面存在困难

  在整个课程期间，为每个中心配备一个方便打钩核验的学生名单。在名单的顶部添加你希望学生掌握的技能或预设目标，然后，使用简单的打钩或减号来对每个学生进行标记。使用这种技巧可以帮助你与学生展开对话，甚至有助于你提出具体的问题，例如：

- 你制订了什么计划来帮助自己取得成功？
- 要想在这个中心取得成功，你需要做些什么？
- 在这里，哪些技巧/策略可能适合你？
- 为了获得组内“专家”的帮助，你能做些什么？

这些记录将汇聚成重要数据，帮助你确定未来课程的目标。随机记下你注意到的事情，包括学生做得好的方面以及需要改进的地方，推动每个中心达成目标。

- **让数据收集与学习目标保持一致。**为了保证数据收集的针对性和实用性，设计数据表时要将学习目标考虑在内。例如，在电脑上保存一个可编辑的花名册，每天根据你要收集的数据类型更改标题。通过这种方式，你可以使用在学习之前、学习期间和学习之后收集的信息，据此设计接下来的学习活动。相关模板示例，请参见表6.1。

表6.1　学生合作证据收集的模板示例
（学生为实现学习目标而合作）

目标：学生可以有效地进行小组合作来解决问题。

学生	合作的证据	问题解决方案	备注

- **在与学生交流学习时使用“数据”这个词。**每节课留出五分钟时间，与几位学生进行面谈。面谈时，确保你已掌握所有信息。在讨论数据时要保证公开透明，这意味着数据必须要与学生的知识和能力相关联。一切有助于我们认识班级或学校中的子群体或者学生需要学习的技能的东西都可以成为数据。

  一开始，给予积极的评论是很有帮助的，比如：“当我在巡视的时候，我注意到________。”“在上次的基准测试中，你在________方面存在困难/表现出色。”“你认为自己可以做些什么来帮助你掌握________（主要思想、词汇或其他技能）。”每一项技能都是我们收集的一种数据，有助于我们与学生展开对话，并确定学生的学习进展。最初的几次对话需要的时间可能会更长一些，但随着谈话的继续，你掌握了提问的技巧，就会变得更容易一些。你还会发现，了解学生并与他们建立关系可以加快谈话的进度。

  在学年末，许多学生会根据他们在每个中心学习时收集的数据来组织学生研讨会。他们将能够根据自己注意到的学习状态，与教师“核对情况”。当这种情况发生时，你可以完全同意他们已经制订的计划，或者对其稍加修改。提醒学生这些谈话是为了收集重要的学习过程相关的数据，以确定他们应该参与哪些中心活动。尽可能公开透明且清晰明确地使用“数据”一词，并帮助学生看到其中的联系。

- **让学生参与数据收集工作。**学生也可以收集自己的数据。在课堂结束前，留出五分钟时间，让学生反思他们当天在中心学习中的收获。相关模板示例，请参见表6.2。通过提出问题来指导学生进行反思，例如："你今天完成了什么任务？""你使用了哪些策略？""哪些地方还需要改进？""你今天的任务完成了吗？"引导学生对学习目标进行思考，然后，将你收集到的信息添加至记录中，以便在下一轮中心活动中使用。这也将帮助小组决定中心的效率高低，因为它与学生的需求和课程的需求相一致，而不像强制性课程那样死板，缺乏一定的灵活度，不能兼顾各种类型的学习者。

表6.2　学生反思表的示例模板

学生反思表

日期/中心名称	反思内容：你学到了什么，你如何知道自己是否已经完成任务，以及下次需要进行________方面的改进（目标）。	反馈

在这里，使用我们之前提到的反馈部分来对反思做出评论。例如："我注意到你在Scrabble拼词游戏中使用了一个单词。""你貌似使用了我所提供的策略。""很高兴你的小组能保持专注。"问他们一些问题，比如："你需要什么来获得成功？""在你看来，为什么会发生这种情况？""下次你可以做些什么？"这样就建立了一种对话。对于一个25人的班级来说，获得有意义的反馈应该需要花费3—5分钟的时间。请参考表6.3中的学生样本，并查看附录以获取更多示例。

表6.3　附有教师反馈的学生反思表

	日期和学习中心	反思内容：你做了什么、感觉进展如何以及哪些地方需要改进。	情况反馈
20/20	3月13日和19日，写作中心	今天，我给爱德华兹先生写了一封信。篇幅虽然不是很长，但是我认为写得还不错；我写完了，希望爱德华兹先生会喜欢它。	你能把信件附在这一页上吗？这样，我就可以帮你发出去了。（学生回复：好的，我会把它附在这里）
20/20	3月15日和19日，黄色，Achieve3000阅读	我阅读了关于流媒体的内容，完成了8道选择题，得了100分；在做完阅读任务后，我没有时间去其他学习中心了。	干得漂亮！ 所以，你会去做后面的拓展任务吗？（学生回复：我认为不行，因为在体育馆里，老师不允许我们做出规范之外的伸展动作①）
20/20	3月19日，红色，黄色	我们玩了拼词游戏，共玩了两轮，我赢了一轮；第一轮得了7分，第二轮得了5分，我总共得了12分。（教师评价：棒！）	你喜欢玩这个游戏吗？[学生回复：是的，非常好玩（笑脸）]
20/20	3月21日和3月19日，橙色，听力中心	今天我听了《捕月:小女孩的棒球梦》，我真的很喜欢这个故事，我在协作平台上面对它做了一个总结，并且完成了这个任务。我长大了想当一名特殊教育教师，这样，我就可以帮助其他儿童了。谁大多数人……（教师评价：没看懂什么意思）	你将会成为一名优秀的教师！ 你最喜欢哪个角色？（学生回复：那个小女孩） 谁想成为一名棒球运动员？
20/20	3月26日和3月19日，阅读中心	我去了阅读中心，做了协作平台任务；然后，我又换到了游戏中心，完了一轮游戏，得了8分。	干得漂亮！ 你感觉这本书怎么样？（学生回复：非常好） 他的新朋友是谁？
总结：非常棒！（笑脸）我完成了所有学习任务；我做了一个协作平台任务；我有一次得分超过了75；我给某人写了一封信；我在游戏中心得分了；我完成了一本书的阅读。			

① 此次回答应为学生对“stretch”一词的误解，将其理解成了表面意思，即“舒展身体”。——译者注

- **将学生的学习置于首要位置。**太多时候，我们过于重视内容，而忽视学生的实际情况。为了赶上教学进度，我们匆匆忙忙地完成所有的教学内容。不要让内容或技能主导课堂的进展，而是要对面前的学生做出积极响应。如果你正在给学生上一堂微课，但从你现场抽查的情况来看，学生们明显没有达到应有的水平，那就让手头的事情停一停，重新开始。你可以简单地说："我注意到很多同学没有理解这个概念，我们可以使用彩色卡片来表示自己的感受吗？"彩色卡片可以作为学生舒适程度的指标，在快速扫视教室情况后，你可以对整个班级、部分学生或某一个小组做出调整。

通过学习中心的活动安排，让你的课堂响应学生的需求；这样，你不仅可以覆盖全部教学内容，还能够灵活应对各种状况，竭力满足所有学生的需求。

当教师花时间在学习中心开展课堂活动时，学生就有机会完成、回顾和强化所有通过脚本化课程引入的学习目标。学习中心基于学习目标设计相关活动，可以为那些在州课程刚性进度下表现不佳的学生提供额外的学习机会。学习中心组织的活动具有很强的灵活性，能够为学生提供自主选择和自我分析的机会，帮助学生熟练掌握其学业成功所需的标准。

全面实施的规划

第1步：介绍各式各样的数据。

我们对学生越透明越好。所以，在收集数据时，请做好标记，并告诉学生你在做什么。例如，当学生在做课堂末尾小测试时，提醒他们，你会阅读他们的评论，并参考他们的答案数据，对学习中心和常规课堂的教学做出调整。或者当学生收集自己是否在专注学习的记录时，提醒他们这是在与我们共享信息，这些记录是数据的一部分。帮助学生认识到这一点：尽可能客观地收集数据是对课堂期望进行调整的唯一方式。

专门抽出一些时间，组织学生对各种数据类型进行头脑风暴，并详细告知他们如何使用这些数据进行更深入、更个性化的学习。例如，告诉学生他们的反思要与标准保持一致，这是获取信息的一种方式，我们不能仅仅通过肉眼观察来获取信息。学生提供相关证据，帮助我们了解什么是有效的，什么是无效的，以及如何做得更好。这些信息对学生和教师都很有助益。

当学生了解学习中心的目的（目标）以及通过自我评估和分享信息来收集数据的重要性时，他们将能够以创建新中心的形式，创造更多的学习机会。这对他们来说是一项挑战，但可以帮助他们实现自身的学习目标。

第2步：教学生收集和分析他们的数据。

让学生知道这一点：每个活动都可以帮助他们更接近未来的目标，并且每个中心都将帮助他们学习不同的技能。建立档案系统，让学生将未完成的学习项目保存在档案中。当他们完成了一个学习项目时，让他们自行选择是否要将该学习项目放入档案。让他们就学习过程填写一份反思表，并说明其中的成功因素或说明哪些原因导致学习结果不尽如人意。询问他们下次会做出怎样的改进。如果你选择收集纸质档案，可以提供一个文件柜或文件架。

如果条件允许，尽量使用电子数字档案。指导学生使用相机拍摄已完成项目的快照或录制他们的反思内容，作为学习的一部分，将其加入档案。像Flipgrid这样的应用程序就非常适合这种操作。在每次轮换结束时，学生可以在中心反思期间使用这些应用程序。

学生收集数据并进行反思，然后，让他们对学习动态进行分析。他们在哪些方面取得了进步？他们在学习任务的哪些地方可以看到这些进步？哪些方面的学习仍然比较吃力？他们是怎么知道的？教会学生分析学习动态的方法，对他们的未来大有裨益，可以提高他们的自我警觉和自我管理的能力，并在中心轮换时做出更好的选择。由于中心轮转的设置是为了满足当时的课堂需求，学生可以在每次轮转期间做出明智的决定，根据自身需求，选择合适的学习中心，参与其中。

第3步：利用学生已知的数据。

一旦学生知道如何在中心收集数据以及如何对档案中的作品进行评价，他们就可以更好地编写符合标准的反馈，帮助他们的同学更好地理解成功的标准。首先，提供一批符合学业标准的句式，衡量学生作品的某些方面是否达标。然后，提供另外一批句式，帮助学生给出与中心特定学习相关的可行性反馈。

例如："确认正在进行的学习任务。可以用记号笔、下划线或圈圈来标注。然后，就其成功与否，提供反馈信息，并解释其中的原因，进而给出相关改进策略。"

鉴于你在课堂上教过学生如何使用过渡短语，因此学生们就拥有一套策略工具箱，他们可以与同学分享关于这一具体需求的方法。确保你的整班教学安排与中心的内容相符，这样，学生就能掌握使用数据进行反馈的方法。

第4步：利用数据制订个性化学习计划。

让学生看一看他们自己擅长哪些方面，在哪些方面存在困难。一旦能够准确定位这两个方面，他们就可以开始为个性化计划制定目标。这些计划可以是短期的，也可以是长期的，帮助学生在熟练掌握知识的过程中不断进步。首先，帮助学生将反馈和数据汇总在一个地方。可以保存在Google文档中或记在笔记本的背面。然后让他们根据收到的反馈，记录学习动态以及其他可能的行动。教学生通力合作，共享反馈信息，将可能的计划整合在一起，然后再与他们一起讨论。帮助他们根据自己的目标和计划，选择合适的学习中心。

有关此步骤的更多提示，请参阅沉浸式评估，尤其是涉及跟踪进度的第7章。

第5步：创建电子档案，捕捉学生表现的精彩瞬间。

为什么不通过创建电子档案，让学生收集和记录能够展示他们成功的证据呢？

一旦他们建立了这种常规并创作出了优秀的作品，你就可以创建一个微课来模拟如何设计档案。学生们对技术很是熟悉，他们可以找到创造性的方法将自己的作品链接到档案中。电子档案的一个优点在于，学生可以同时上传他们的作品和反思；这样，你就可以将档案应用于你所教的学科和其他学科领域。

例如，我们让学生创作原创漫画，以此来展示他们对学习标准的理解。这在中心活动中非常有效，而且还可以将其延伸至更大的跨学科课堂实践中。如果整个年级团队的教师都采用电子档案，他们将会看到不同学科之间的联系并促进学生技能的迁移应用。

电子档案的另一个好处是可以让学生负责内容维护的工作。学生负责空间的设计和管理，并决定添加什么内容以及为什么添加内容在他们的学习过程中占有重要地位。此外，在整个学习生涯中，学生都可以不断地在档案中添加内容。最后，电子档案不占用教室空间，无须担心会在资料整理过程中丢失，也不会给教师增加额外的工作量。电子档案也鼓励学生离开学校之后继续添加其成长信息（更多信息，请参阅第8章）。

如果没有条件创建电子档案，文件夹也是一个不错的选择。为每个学生创建一个文件夹，这样，他们就可以保存自己引以为傲的学习成果。鼓励学生经常在文件夹中添加新内容，并反思为什么要将某个作品加入到他们的文件夹中。

让学生知道文件夹收录了他们收集的数据，展示了他们的个人成长经历。当你与学生讨论他们的学业成果时，他们可以参考自己的档案，找到相关证据，证明自己已经掌握哪些内容，以及在哪些方面需要继续努力。

第6步：多为学生提供展示的机会。

太多时候，学生作品被埋没在教师办公桌上堆积如山的文件中，难见天日。这些作品或许本应在公告栏上展示一段时间，或者是向全班学生展示，然而却被遗忘在了某个角落。

我们需要给予学生发光的机会，让他们展现自我，并且保持这种光芒，而不是让它黯淡下去。鼓励学生参加论文或诗歌比赛，或者创建在线博客，激发他们的创作灵感。创建一个专门的学习中心，推广展示学生作品，吸引更多的关注。真实的关注场景能够提高学生的参与度，而且在任务具有真实性的情况下，学习效果也会更好。在这个学习中心，可以让学生创建博客或参加比赛，也可以让其他学生对这些活动进行评估。

在学校各处展示学生的项目作品，作为教学工具和优秀学习实践的展示范例。 例如，我们的学生完成了反霸凌、健康习惯和减少使用、重复使用、回收利用相关的优秀项目作品，之后，我们指导他们制作了相关主题的海报、连环漫画或谷歌幻灯片，并在食堂、走廊和电子留言板上展示了这些作品。你可以将一些作品样本放在特定的中心，作为未来学生的示例范本。

你还可以让学生在同伴、教师和家长组成的答辩小组面前对自己的作品档案进行辩护，以此将收集作品的过程公开化。作品电子档案甚至可以发展成为一个专门的学习中心，供学生进行设计和反思。

克服阻力

由于许多教师对数据感到不适，因此当你开始要求他们让学生参与数据收集时，你肯定会遇到一些阻力。你要克服这种不适感，并帮助他们认识到这样一点，即从多个来源收集的数据更有说服力。以下是对常见的几种阻力的回应方式：

我如何一边上课，一边收集数据呢? 学习中心本质上更适合简短课程，这样，学生就可以朝着他们自己的目标方向努力。随身携带附有检查表的写字夹板，并将你观察到的情况记录下来。在表格上方，写下你正在教授的技能，并添加简单的符号，以便快速收集数据。

利用和参考教学基准来帮助数据收集，尤其是在你所在学区有强制要求的情况下。通常情况下，你可以点击鼠标来生成报告，从而获取学生在不同领域的表现细分情况。

归根结底，学生自己渴望学习，渴望参与其中，而且渴望能够掌控学习的进度。

指导学生收集自己的数据，赋予了他们比较看重的自主权；而且当你与学生交流时，他们也能够拿出自己的作品，分享自己的成果，方便你之后提供反馈意见。相比于教师收集的数据，学生在每一个学习阶段收集的个人数据更为准确，且更具针对性。

我如何确定学生上报的数据是否准确？通常会存在这样一种惯性思维，即认为学生之所以不能给出准确数据，是因为他们想获得好的成绩，但事实情况并非如此。当我们建立完整的数据收集体系，并且学生明白让他们自行收集数据的初衷时，他们更有可能对自己进行严格的评判，而不是自我褒奖。归根结底，学生自己渴望学习，希望参与其中，而且渴望能够掌控学习的进度。如果我们为学生提供机会，教授他们这些技能，我们就与之建立了一种伙伴关系，形成一个动态的教学/学习机制，惠及所有学习者。

家长希望看到数据的来源证明。由于家长是我们工作中重要的利益相关者，我们必须能够向他们说明数据的来源。如果学生能以亲历者的身份，向家长讲解数据，那将是多么棒的事情啊！当学生熟悉与他们学习相关的语言表述时，他们可以成为教师的“小助理”，协助教师完成每天课堂上所做的事情。只要我们教学生如何有效地收集数据，并为他们提供制定目标所需的工具，向家长展示学生收集的数据就不会有什么坏处。“我不想知道这么多关于我的孩子成长的信息。”没有一个家长曾经说过这样的话。想象一下，如果家长询问他们未成年的孩子今天在学校学了什么，孩子们能够具体地谈论他们的学习目标以及如何知道自己取得了成功，那么他们的谈话将会发生怎样的变化。这将是一个双赢的局面。

我不可能处理这么多数据。数据看起来确实不少，由于“数据”已经成为一个每天都被频繁提及的词汇，我们需要采取有针对性的方式，进行数据的收集和管理。如果我们设定明确的目标并高效地收集数据，我们就能掌握收集到的主要信息。此外，我们让学生承担的数据管理责任越多，我们教师自己在数据保存方面的压力就越小。如果我们能够建立并遵循一定的数据收集和分析体系，我们就可以对数据进行清晰的梳理，并在需要时信手拈来，针对整个学年的学生进步，创建跟踪记录。

我已经批改试卷了，这还不够吗？ 数据有很多形式，批改试卷只是其中一种。虽然“总结性任务就足够了”这种想法非常具有诱惑力，但我们需要通过多个视角和角度来审视学生的学习情况。这意味着在整个学习的形成过程中，我们要采用各种方式收集数据。数据的多样性可以帮助我们更全面地了解学生的知识和能力，更有效地进行教学调整，以满足不同层次学生的需求。

教育管理者小贴士：

由于数据收集是确保教学设计与学生需求相一致的关键部分，因此要将其作为重要事项，为教师提供专业机会，使他们能够及时了解各种最新的数据收集方法。为教师提供多种选择，教他们如何收集、保存和使用这些数据；然后定期与他们会面，作为与教师的常规会议的一部分，与他们一起审查数据。如果条件允许，将负责同一个班级教学的所有学科教师聚在一起，做好时间规划，一起讨论有效的策略。

沉浸式学习实践

《核心协作学习网络》（*Core Collaborative Learning Network*）的作者兼首席执行官保罗·布隆伯格博士（Dr. Paul Bloomberg）和肯塔基州路易斯维尔的一名中学主任扎克·科恩（Zak Cohen）讨论了如何利用反思和修正中心鼓励学生积极参与到作品修订中来。请继续阅读，了解他们分享的关于反思和修正中心的故事。

反思和修正中心是一种很好的学习方式，可以提供连贯的个性化活动，积极响应学生的需求，确保学生掌握学习的主动权。学生不应该将总结性评估视为学习的终点。太多时候，学生在单元测试或学习项目中得到一个分数，学习就算结束了。对于各个年龄段的学生来说，教育应该被视为一个持续性反思和循环的过程。学生应该明白这一点：即便一个单元结束了，他们专注的能力仍然保持相关性和适用性，可以将其转移到未来单元的学习中来。

我们要为学生提供多种学习机会，让他们通过刻意练习，成功完成学业任务；否则，他们就无法实现更深层次的学习和迁移。无意练习和刻意练习之间最大的区别在于反馈。我们的最终目标是在课堂上加强反思和反馈，使学生获得掌握技能的经验，并获得增强自我效能感所需的动力。

约翰·哈蒂（John Hattie）在他的著作《可见的学习》（*Visible Learning*）中指出，反思和修正中心灵活运用了刻意练习的基本原则，这种练习方式可以将学习速度提高一倍以上。学习中心为学生提供了个性化选择、额外的时间和反馈，这些都是他们进行刻意练习所需的条件。通过刻意练习的方法，学生可以：

- 在对一个或多个中心的学习做完反思之后，设定远大且具有个性化的SMART[①]目标，强迫自己走出舒适区（请参阅以下描述）。
- 确定实现明确的SMART目标所需的时间。
- 在课堂上获得自主时间，在五个修正中心的一个或多个空间进行刻意练习（请参阅以下描述），同时接收并回应与成功标准相一致的高质量反馈。

① SMART是一种设定目标的方法，有助于确保目标具有明确性（Specific）、可衡量性（Measurable）、可达性（Achievable）、相关性（Relevant）和时限性（Time-bound）。——译者注

- 通过典型示范，与“专家型”学生取得联系，或与教师进行指导性对话，建立专业知识的思维模式。

刻意练习是激发学生的学习动力和积极参与的必要条件。在《驱动力》（*Drive*）一书中，作者丹尼尔·平克（Daniel Pink）认为动力是自主管理、技能掌握和目标方向的产物。以下是这些概念应用于学习中心的具体方式：

自主管理：学习中心赋予学生自主管理的权利并满足他们个性化的需求，因为学生可以自由选择适合自己的学习中心。

目标方向：当学生根据自己的特定需求设定目标时，他们就有了努力的方向。

技能掌握：人类（没错，学生也是人）会在掌握技能和取得进步的过程中获得前进的动力。如果我们一直处于失败状态，通常就不会具有什么前进的动力。当学生开始意识到刻意练习对学习动力至关重要时，他们学习的劲头就会变得势不可挡。

反思和修正中心让刻意练习和动机的相关研究成为现实。下面介绍的是为期三周的时事单元之后的一个课程，该课程持续数日之久。这个例子展示了学生如何利用学习中心来指导他们完成修改过程。

搭好舞台：反思和修正中心

当学生来上课时，他们就做好了提交总结性项目作品的准备；这个时候，教师没有让学生立马上交作品，而是为他们提供了一次机会：基于项目的成功标准对自己的作品进行战略性修订。

教师向学生介绍了修订过程的两个方面：反思和修正。这两个方面是一种共生的伙伴关系：反思是问题的诊断，修正是补救的手段。教师设置了不同的学习中心，这样，学生就有时间仔细斟酌，修正或修订他们的作品。不论他们选择的是反思中心还是修正中心，这一过程都在团队合作（选择合作伙伴）、时间安排（在这个过程上花多长时间）以及任务选择（选择反思的内容）方面给予了学生高度的自主权。

反思中心

为了引导学生进行反思，教师从时事项目中选择了一个标准，对其给予重点关注。共设有以下三个反思工作坊，学生通过参与其中之一，选择自己的反思方式。

TAG工作坊：利用TAG反思方案，学生可以组队，使用范例和量规，进行同伴评估。T（Tell）：告诉你的同伴他们在某一方面做得很棒。A（Ask）：问一个阐明性问题。G（Give）：参考成功的标准，给出一条建议。

同伴"专家"工作坊：学生可以与同伴"专家"一起完成TAG方案。学生通过使用网上论坛，了解自己需要掌握的专业技能。

教师辅导工作坊：学生可以选择接受教师的辅导，采用TAG 方案获得反馈。

修正中心

在这里，学生们根据教育作家兼顾问简·查普伊斯（Jan Chappuis）的研究制定学习目标，帮助他们确定可以用来修正作品的资源。

以下五个修正工作坊可供学生选择，他们可以选择结伴、组队或单独学习。

范文工作坊：学生使用范文指导自己的学习，对自己的作文进行战略性修订。

微课工作坊：学生们可以观看课堂上教授的一系列微课，使用这些微课来指导自己的修订过程。

同伴"专家"：学生可以与同伴"专家"面对面交流，或通过虚拟方式参与同伴教学和辅导。

网上论坛：学生可以与有类似需求的其他学生面对面交流，或通过虚拟方式进行线上互动。在谷歌网上论坛，学生可以通过共享在线平台向他们的同学、年级同伴或上一年级的学生提问。例如，学生可以将其项目作品的部分内容复制下来，发布到谷歌网上论坛，并向其中一组同龄人寻求反馈意见。学生们可以利用谷歌网上论坛挖掘学生群体的集体智慧。

在线资源：学生可以选择使用一个精选的在线资源库，对涉及写作六项特征①的内容进行修正。

对过程进行反思

学生对整体课堂时间的安排具有一定的掌控权。有些学生会花时间深度反思和修正他们的时事项目作品的单个部分，而其他学生则选择强调广度而非深度，花时间反思项目的各个部分，然后计划对每个部分进行改进。一些学生喜欢独自学习，而另一些则喜欢与同学合作。

创造自主性和个性化的条件对学生产生了积极的影响。学生充分利用了给予他们的时间，反思和修正自己的作品。更重要的是，他们将彼此视为提高作品质量的重要资源。反思和修正中心的学习提高了学生的参与度，并帮助他们认识到学习是一个持续的过程。

作为教育者，我们知道根据每个学生的兴趣进行个性化教育或许有一定的难度；然而，我们的责任是有意识地揭开学习的神秘面纱，明确地让学生看到学习是“如何”运作的。有时候，若要达到这一目的，我们要做的不过是帮助学生认识到这一点：我们教室的学习活动并不是一成不变的，而是具有可转移性和持久性。正如一位学生在完成反思和修正这两个阶段的过程后在她的课堂末尾小测试条上所写的：“我之前从未想过在一个单元结束后学习还能继续进行。”

① 写作的六项特征是指一组用于评估和改进写作质量的标准，广泛应用于英语教育中的写作评估和教学框架，通常包括内容（Ideas）、风格（Voice）、词汇选择（Word Choice）、句子流畅（Sentence Fluency）和规范（Conventions）等。——译者注

我们为学生提供适当的工具和充足的时间，让他们在课堂上展示自己的学习成果；这个时候，学生就能够反思和记录他们自身的成长；学习中心会时常考虑学生需求，将其融入其中，为学生提供难得的学习机会。我们越是在学习过程中融入反思，就越有可能将其发展为学生可以掌控的一种学习习惯。我们每个人都是终身学习者，我们要以学生身份回顾自身的学习经历，并展示我们如何知道自己在做什么，以及为什么它很重要。反思不会随着我们学业的结束而结束。相反，反思是终身学习者的良好习惯，我们越早教会孩子反思，反思的效果就越好。

当你思考自己的课程以及目前对中心学习方式的应用时，问自己以下几个问题：

1. **我在过程中的哪个地方加入了反思环节?**
2. **我该如何利用自己从学生的反思中学到的东西，促进学生未来的成长?**
3. **我该如何为学生树立终身学习的榜样?**

州立课程往往缺乏灵活性且内容庞杂，无法满足我们课堂的多样化需求。当我们教学生进行自我评估和反思，并给予他们专门的时间完成这些过程时，我们就教会了他们基本的生活技能，同时也满足了我们课程的内容需求。我们只是以符合学生水平的速度和方式完成教学任务，让每一个学生都能从中受益，帮助他们找到自己的节奏，取得学业进步。

第7章

深入挖掘学生的学习热情

重新利用和重复使用已知信息，激发学生的课外兴趣

热情成就天才。

——托尼·罗宾斯｜作家和人生导师——

问题呈现：学校的学习与学生的热情无关

太多时候，我们的课堂教学对学生来说有一个明确的结点——考试。他们唯一看到的目标就是满足别人的期望，而这些目标往往与他们个人的生活或兴趣不一致。因为学生们看不到其中的联系，所以他们往往找不到学习的意义。他们会在心里嘀咕："我们为什么要学这个？""为什么学习很重要？"

如果教师没有采用明确的方法来教授课程，学生就会对课程的目标感到迷茫。学习材料似乎无关紧要，脱离了实际，与学生毫无关联。教师或学校是学习空间中唯一的决策者，导致学生产生了这种疏离感。通常情况下，课堂之外的决策者缺乏教育教学背景，也不知道学生在生活中真正需要什么才

将学生的热情融入学习中心，帮助我们的学生制定与学术和社交情感成长相一致的个人目标，增强学生对学习内容的理解。

能获得成功。

当教师选择教学内容和教学方式时，他们选择的是那些能让他们自己产生共鸣的东西，或者是在他们小时候影响他们的事物。然而，教师的热情并不总是与学生的兴趣相吻合，虽然意图可能是好的，但如果不能引起学习者的共鸣，那就是在浪费时间。教师需要掌握一定的技巧，敏锐地把握青少年的心理，才能让学生将学习与自己关心的事物联系起来，并沉浸其中。我们越是忽视这种联系，大多数学生的学业态度就越差。即便是那些有动力的学生，也只是为了获得预期的成绩而努力。

策略：深入挖掘学生的学习热情

学生知道的远比我们预想的要多。许多教师来自纸媒信息的时代，百科全书和纸质版图书是他们教学研究的主要信息。现在的学生可以随时随地接触到各种各样的信息。既然这样，为什么不赋予他们学习的自主权，让他们通过学习中心的活动，在课堂学习中与老师和同学分享他们在课外获得的专业知识呢？不论是让学生扮演分享嘉宾还是让他们当一天老师，我们可以为他们提供机会，让他们与全班同学分享他们所知道的东西。学习中心为这种分享提供了小规模的受众。

利用学生的兴趣，丰富学习机会。我们相信大多数教育工作者都会认同这一点：与我们学生时代相比，如今的世界已经发生了很大的变化，我们需要在学术环境中让学生重新认识他们已知的信息，让他们看到其中的联系。

将学生的热情融入学习中心，帮助我们的学生制定与学术和社交情感成长相一致的个人目标，增强学生对学习内容的理解。当我们通过设定可实现、可操作的目标对学生进行指导时，就能够培养他们对学习的深切热爱。

在你发现学生的热情所在时，制定与之相关的目标，并利用这些信息更好地为学生服务。利用你已掌握的信息，对其进行适当调整，有意识地将其与学生已经感兴趣的内容联系起来。结合与课程相关的技能，开发新的学习中心，重点培养学生的相关技能。这就创造了一个绝佳的机会，向学生展示自我倡导和目标设定的强大作用。你将帮助学生深化责任意识，激发学生当下和未来的学习热情。

可立即着手的应对之策

如果想让学生更深入地参与学习，我们必须要将他们的热情与中心的学习联系起来。下面推荐几种方式，让你即刻开始在教学决策中将学生的热情运用起来。

- **让学生宣传展示自身专长。**为了更好地了解学生，让他们设计一个“自我介绍”项目，可以在一个学习中心开展这个活动，也可以在几个中心之间轮流进行。项目内容可以包括“我的各项情况介绍”“壁橱创意”或任何其他你想要的主题。可以包括以下内容提示：
    - 你的全名。
    - 你有什么课外的兴趣和爱好？
    - 你参与了什么活动？
    - 选择三个可以描述你的形容词。
    - 你在____________（科目名称）方面有什么目标？

- 你有哪些可能的职业发展方向?
- 你最喜欢的食物、甜点、图书、电影、音乐类型和流派是什么?

将这些项目作品挂在教室的公告栏上，并举办一个画廊展览或者“即刻行动”活动，让学生们可以看到同学的作品，并与同伴交流互动。在与同伴交流互动时，学生可以使用便利贴做出积极的“自我陈述”。在每个学生的项目成品上面放置便利贴，通过这种方式进行活动示范。例如：

- “我也读过那本书。”
- “那是我最喜欢的电影。”
- “我喜欢打保龄球。”
- “这是我想要从事的职业。”

这是一个建立生生关系和师生关系的良好时机。

为什么这项活动要贯穿整个学年呢？是为了提醒你关注学生课外的兴趣。它可以时刻提醒我们要逐步将每个孩子的兴趣爱好引入中心轮换过程中。想方设法利用每个学生的兴趣爱好，如果某个想法成功了，就在它旁边打钩，以跟踪记录是否涵盖了每个学生的兴趣爱好。

你可以使用相同的提醒方式，开展在线调查。学生调查是摸清学生兴趣的一种简单方法，只需点击一下鼠标按钮，你就可以看到学生课外兴趣的总体概况。

让学生装饰笔记本的封面，以便更深入地了解他们的兴趣爱好。允许他们在前后封面上自由发挥，自己决定添加什么内容或排除什么内容。这有助于你了解学生的内在思想，而且还可以让他们的写作笔记本更具个人特色。这不仅仅是一个用来写字的笔记本，更像是一个窥探灵魂的窗口。如果你担心无法将该任务融入到学校日程安排中，你可以将其布置成一项为期一周的家庭作业。一旦你了解到了更多关于你的学生的兴趣信息，就将其融入到中心轮换中来。

- **重新引入展示与分享环节（即便在高中阶段也是如此）。**鼓励学生从家里带来一些于他们自己而言很重要的物品，物品要与中心活动的主题保持一致。不论学生的年龄大小，课堂常有的分享机会是将兴趣与课堂学习联系起来的绝佳方式。

将窗台的一部分改装成展示柜，把重要的物品放在那里进行展示。展示才是关键所在。把不同大小的盒子翻转过来，比如鞋盒和牛奶箱，在盒子上铺上桌布，创造出不同层次的展示效果。让学生将他们自己的物品放置在这个区域。确保为每一个物品配备一个展示牌，上面写着物品是什么、其重要性、与之相关的感受以及学生的反思。可以将其打造成一个别具一格的中心空间，让学生与展示物品进行互动并分享他们的学习经历。

你还可以为那些更善于表达的学生专门留出“广告时间”，让这些学生分享关于他们重要物品的讲解视频。视频内容可以包括与展示活动相同的物品介绍信息。在不同的时间播放“广告”，比如当学生进入教室时、下课时，或者课间，将其作为从一个活动到下一个活动的过渡，或者当你注意到学生需要放松身心时，都可以播放“广告”。

你可以自己做一个介绍视频样例，为学生做好示范。这样做有双重目的，一方面为作业预期提供了指导方针，另一方面通过与学习者分享你的展示内容，也可以建立良好的师生关系，为新的中心提供更多的材料。

- **创建“表彰墙”或“责任墙”。**留出一面墙的空间，展示各个学习中心完成的项目。可以是公告栏、墙壁空间、窗户空间，或者教室内外的软木板。让学生决定他们想展示什么物品。鼓励学生管理这个区域，从而减轻教师的负担。中学生在小学阶段就有过“表彰墙”，中学教师可以授权学生负责并管理这样一片教室空间。不要让责任只落在教师一人身上，而是将其转变为学习群体之内共同的责任。

  当学生分享自己的个性化学习目标时，他们会在同龄人和教师群体中找到志同道合的伙伴，这种可见性有助于他们对自己设定的标准负责。

- **制作学生活动的顺序列表。**创建一个共享文档，学生可以在其中添加即将举办的校外分享活动。这样你与其他学生就可以找到支持他们的方式了。这是一个很好的机会，让你了解每天与自己共处一室的人所关注的事情。顺序列表也同样适用于作品档案和学生“专家”中心。

全面实施的规划

第1步：从SMART目标开始。

一旦你了解了自己的学生，重要的第一步就是以他们目前的状态为出发点开展教学。学生现在需要什么，你该如何满足他们的需求？确保建立适当的结构体系，让学生能够充分发挥自身的优势。首先，帮助他们进行头脑风暴，找出他们在生活中比较擅长的领域，并提供相关证据，证明这一点。如果有学生遇到困难，可以让其与那些能够轻松找出自身优势的学生结伴。当学生列出了自身优势的清单时，让他们将这些优势与自己感兴趣的领域对应起来，制定切实可行的目标。

在写作中心，学生可以创作各种形式的非虚构文本，如个人叙述、采访、文章、诗歌或书评。对于虚构文本，他们可以创作连环画、短篇小说、漫画小说或翻翻书。

你可以通过两种方式实现这一点：1）创建几个允许所有学生在同一个课时内都能同时参与的学习中心，并采用短周期的轮换制，保持趣味性；2）采用一个定期轮换模式，从“认识新朋友”开始，持续贯穿整个学年。该中心不需要参与每一次的轮换过程，但是其更新频率要足够频繁；这样，学生就能够根据他们学到的新活动和技能，随时更新他们的信息；或者随着自身成长，改变自己的兴趣。

第2步：以“天才一小时”[①]的形式将学生的兴趣融入学习中心。

在学生完成了兴趣调查的填写之后，利用这些信息对中心进行个性化设置，以适应学生群体的需求。例如，假设某个班的学生对体育感兴趣，特别是足球。在中心活动中添加体育（尤其是足球）相关的小说故事。当学生能够与学习材料产生共鸣时，他们就会对其产生更大的兴趣。你可以在听力中心添加一个关于运动员（也可以是足球明星）的故事。你的阅读中心也可以收录关于运动员的图书。

① 天才一小时（Genius Hour），又称为20%时间，是一种教育实践方法，鼓励学生在一定的学习时间内追求自己感兴趣的项目和主题。——译者注

在写作中心，学生可以创作各种形式的非虚构文本，如个人叙述、采访、文章、诗歌或书评。对于虚构文本，他们可以创作连环画、短篇小说、漫画小说或翻翻书。

在数学中心，鼓励学生创建一个虚拟的体育团队，并设立预算，包括收入和支出。学生可以将数学概念转化为数学问题，并将这些问题放入数学中心供其他学生解决。学生随后可以将数学技能应用于真实世界的情境之中，或多或少与他们的个人情况关联起来。对数学中心的学习活动进行分层，分别布置复习题、现学的概念题和挑战题，并让学生设计数学游戏，玩传统的成品游戏。

在技术中心，允许学生开展调查并向他人讲述他们的项目或研究，从而扩大他们的学习范围。学生可以利用技术建立一个课堂博客或网站，展示他们的作品。学生可以使用视频讨论平台录制视频并与班级分享，与其他同学进行互动，进行持续的对话和交流。创建一个在线协作工具平台，让学生在上面发布书评、相关内容或重要问题的答案。确保学生可以阅读其他同伴所写的内容，并对其进行回复。

教导学生运用自己的想法来展示他们的学习成果。允许学生尝试他们的想法，展示他们的计划，并对他们的思考过程予以解释说明。然后，以引导者的身份，在整个项目中为他们提供指导和支持。请记住，当人们对某件事情充满热情时，他们往往会倍加努力，变得创意十足；同时，他们也能够理解为什么需要运用所学的技能。

第3步：确保每个学生都有一个适合他们自己的学习中心。

新学年伊始，了解你的学生倾向于哪种学习风格。你可以借助免费的网站，来对学生进行问卷调查。

在找到学生明显的学习风格后，根据每种风格的特点和需求，为每个学生设计一个适合他们的学习中心。这样可以确保每个学生都有一个与他们学习风格相匹配的学习中心。赋予学生识别自己学习风格的能力也有助于他们在终身学习的旅程中获得成功。

当学生在各个中心之间来回穿梭并写下反思时，请留意哪些学习中心能够引起学生的兴趣，以及他们喜欢在哪些中心学习。对于创建不同的学习中心或开展相关活动，允许学生提出自己的意见或请求。当然，每个学习中心都必须与学习目标相关。每月通过调查收集学生的反馈意见，为学生提供更多的机会，让他们在课堂上分享自己的观点。

第4步：对学生的选择表现出兴趣。

在中心轮换图表旁迎接学生，并留意他们更喜欢哪个中心，尤其是前几位进入教室的学生。听学生们互相在说些什么，并在学生选择中心遇到困难时提供建议。微笑、点头和眼神接触都能快速地向学生传递你对他们学习兴趣的认可。询问学生以下问题，向他们表明你已经查看了他们的作品，并且非常重视他们的成果：

- 你是因为什么而选择了那个中心？
- 你喜欢在阅读中心读书，你在书里读到了什么激动人心的事吗？
- 你目前为止最喜欢哪部分内容？
- 你不喜欢哪个角色？
- 你的漫画中的角色是一个真正的英雄，我迫不及待想看到他/她的下一次冒险。
- 你制作的视频表达了你在听力中心所听到的故事的主题。
- 你在某平台上分享了你与正在阅读的书中角色之间的联系。
- 你创作的藏头诗海报色彩丰富，感召力十足。你想把它展示在走廊上还是公告栏上？

- 如果你有兴趣，我们可以让你的作品参加比赛。

有时候，学生可能会在选择中心时犹豫不决。要么他们想去的中心名额已满，要么他们的朋友没来上课或选择了其他不同的中心，或者他们对一切事物都提不起兴趣。这些简单的问题可以帮助他们做出选择："我注意到你还没有去过________中心。不妨试一试吧？""________现在有空位。你为什么不去那里呢？"

一旦你开始鼓励学生积极参与，他们就会开始做出选择。有时候，他们会回应说："我今天真的特别想去________。"当然，如果你注意到一个学习中心已经满员，该区域已经有一群孩子了，但再加一个人也没有问题，你可以做出决定，允许再多一个人进入该区域。这就让学生看到你在时刻关注着他们，你会灵活处理各种事情，随时为他们的学习之旅保驾护航。

第5步：让兴趣爱好相似的学生聚在一起。

物以类聚，人以群分；学习中心也是如此。当学生感到有共同联系时，他们更有可能敞开心扉，欣然与他人合作。查看一下调查结果，将听力中心里喜欢阅读运动题材的学生放在一起，其中一个活动选择是体育运动相关的故事。在学习中心的分享和讨论环节，这些学生可以就他们的个人经历进行更有意义的对话。他们可以在课堂外继续交谈，在课堂上互动的基础上，与同学建立深厚的友谊。

第6步：提供网络情景模拟。

在当今世界，社交网络是我们生活中的重要组成部分。创造模拟活动的机会，让学生围在一起，就相关的兴趣和目标进行交流。在教室中创建网络模拟活动，将其当作学习中心的一部分。搭配拼读活动，效果更佳；因为在专家完成信息分享之后，学生可以在教室里四处走动，相互交流。当我们创建未来职业活动中心时，也可以使用网络模拟，学生可以了解潜在的机会，并通过彼此之间的面试模拟获得实际的指导。制定一项协议，让学生成为特定领域或学校的“专家”，在学习中心负责指导其他学生的学习，并分享自己的知识和经验。学生可以根据自己的目标，接受潜在的学生或雇员的面试。学生将获得关于学校、职业或职能的宝贵见解，还可以锻炼人际交往技巧，完善回答问题的能力，让他们在社交和职业情境中变得更加自信和从容。

克服阻力

作为教育者，我们的年纪越大，就越难与学生的兴趣和热情产生共鸣。这并不意味着我们要停止尝试。因为学习关乎我们的学生，我们要尽一切努力，让学习对学生来说更加容易且更有吸引力；把学习与他们的兴趣联系起来，有助于将他们需要学习的内容与他们想要了解的知识结合起来。

以下是应对同事质疑的一些建议，可以帮助他们更好地理解如何深入挖掘学生的学习热情。

课程内容不支持学生的兴趣爱好。当然，我们所教授的许多内容可能无法与每个学生的兴趣完全匹配，但我们可以找到适合每个学生的切入点，让学习变得更加有趣且易于接受。对于阅读教师而言，找到与学生兴趣主题相关的故事并非难事。我们手头有许多资源，很容易就可以找到虚构的短篇故事和非虚构的文章。你可以安排一堂微课，教学生如何访问和使用一些网站，只要他们的选择符合学习目标并且成功实现了学习目标，就可以把选择权让给他们，让他们自行决定自己阅读的内容。为什么不给予学生一定的自主选择权呢?

让学生贡献和分享与学习中心相关的文章、故事和图书。一旦学生看到教师将学生提议的素材添加至学习中心，将会发生两件事情：1）学生会在好奇心的驱使下进入该学习中心，阅读图书或看一看教师使用学生建议的内容有何特别之处。2）其他学生也希望自己推荐的文章、图书和建议也能被放置在学习中心。作为教师，你为学生创造了一个平台，让他们通过研究、阅读和自主安排作业，获得了挑战自我的机会。

每当有学生因为在中心分享而获得“额外学分”时，就在学生资料表上做个记录。那些需要挑战的学生将有机会接受更多的挑战。当你在学期最后对学生进行评估时，可以据此相应地提高他们的评分等级。

并非每个学生都会喜欢所有的学习内容。我们提供的学习内容越多样化，每个孩子的学习选择就越丰富。一旦孩子们看到教师接受了他们的建议并将其付诸实践，他们就会更加积极地贡献与自己兴趣相关的内容。

此外，如果学生非常喜爱学习中心轮换中的某项特定活动，并且知道他们终归会有机会轮换至自己比较感兴趣的中心，那么，对于他们来说，完成不太喜欢的课程内容就不会那么令人望而生畏了。在学习中心进行的合作式学习可以增强学生的自信心，而且，随着在某项活动上变得愈加熟练，他们对该项活动的态度会发生转变。

提醒学生，他们可以把建议放入“建议箱”（参考第1章和第3章），这样他们就有机会与课程建立联系。

“我对所有事情都不感兴趣。”如果你从学生口中听到这样的话，要找出其中的原因。很多时候，这种情况与之前不成功的学习经历有关。让我们面对这一现实吧。谁愿意做自己不擅长的事情呢？对于自己不擅长的事情，他们不想尝试去做些什么，而是更想放弃。如果是这种情况，你可以教学生几招。例如，如果学生说自己不会画画而不去艺术中心，可以让他与在这方面更有信心的同学组队合作。教学生完成任务的不同方法。允许学生在艺术中心使用杂志照片、剪贴画或数字图像来进行项目创作。

一些青少年的学习动力来自社交活动。鼓励学生组队合作，共同寻找灵感。例如，两名男生对写作中心有些抵触情绪，但他们两人都喜欢宝可梦（Pokémon）。于是，他们决定利用这个兴趣点，共同创作一个全新的角色，并为这个角色编写一段冒险故事。当这两名男生询问是否可以合作时，得到的回答是“为什么不呢？”。这两名男生通过合作式创作，成功地完成了一个小册子，讲述了完整的故事情节，包括两个新角色（一个反派和一个主角），其中包含一个问题、一个高潮和一个解决办法。学生创作出了真实的作品，并内化了在语言艺术课上学到的阅读技巧，而且还写了一篇文章，展现他们对这些技巧的理解。通过在数据中添加注释，我们可以记录学生对小说要素的掌握情况。

教育管理者小贴士：

我们需要培养学生和教师的热情。在支持教育工作者发展自己热衷的领域方面，教育管理者具有得天独厚的优势。在与教师一起制定目标时，了解他们的职业目标和热衷的领域，并为他们提供机会，帮助他们实现这些目标或满足他们的热情。

沉浸式学习实践

凯伦在她六年级的课后辅导课程上，为学生预留出一些时间，进行“天才一小时”项目。在这次轮换期间，学生进行自主学习和探究，凯伦发现了一种方法来帮助其中一位学生更深入地参与课程。下面是凯伦的分享，让我们看一看她是如何点燃西尔维娅内心的火花的！

作为一旁的引导者，我在教室里来回走动，认真观察学生在他们自己选择的学习中心的表现，并与他们交谈和互动。我会时不时地进入中心学习区，观察学生们正在进行的研究和写作，以及他们是否在学习过程中遇到了困难或需要帮助，确保他们在学习的道路上顺利前行。

有一天，西尔维娅找不到令她感兴趣的文章。她已经花了很长时间搜索自己想要阅读的主题。

“怎么样？”我问道。

“我找不到想要阅读的文章，也不知道我对什么感兴趣。”她回答道。

“我看到你有一篇关于洪都拉斯的文章。那是你的文化报告中的一个国家吗？”

“不是，我来自厄瓜多尔。”

“让我们搜索一下厄瓜多尔吧。”

当她在搜索引擎中输入关键词“厄瓜多尔”，并找到一篇关于火山的文章时，她的脸上露出了兴奋的表情；她开始跟我描述她的祖母就住在这座火山附近，她经常去那里参观。她对这个地区有着非常丰富的亲身体验，而这种个人联系让她想要进一步阅读和研究这个主题。

“我觉得这篇文章或许很适合你。”

当我观察她的阅读过程时，我注意到她非常兴奋，开始使用高亮显示工具，而且还用胳膊肘轻轻地碰了一下边上的同学，分享了自己正在阅读的内容。

西尔维娅参与这次活动的整体态度发生了改变，她变得更加积极向上，内心的喜悦流露在脸上。她受到了激励，表现得动力十足，注意力也高度集中。

她在学习中获得了积极的互动体验。

当她完成了阅读任务并叫我过去时，她自豪地告诉我她学到了什么，而且还表达了对于找到那篇文章的喜悦之情。

然后，她制定了下一次学习的目标，表示要进一步研究厄瓜多尔相关的内容。我建议她下一次研究一些有影响力的人物——这就像是种下了一颗种子。

有时候，学生会在某项学习活动中遇到困难，或不知道如何完成任务。在这个时候，教师可以担当学生学习过程中的引导者，及时关注学生何时需要额外的帮助，帮助他们克服困难，成功完成任务。

教育者可以成为学生的合作伙伴，与学生进行交流，帮助他们克服学习中遇到的困难，并在学生意识到自己取得成功时一直陪伴在他们身边。

在课堂上分享我们的兴趣爱好是建立积极的学习群体和培养良好师生关系的绝佳方式。将学生的兴趣融入到学习中，可以让每个孩子都有机会获得内在的动力。一旦学生能够表达他们的兴趣所在，我们就可以帮助他们设定有意义的目标，促进他们的学习和个人成长。

当学生和教师的兴趣在课堂上得到尊重时，请考虑以下问题：

1. **我对学生的兴趣了解多少?**
2. **我可以做什么来深入了解学生的兴趣?**
3. **我上一次为班里的学生参加体育比赛或戏剧演出是什么时候?**

当我们参加学生活动或关注他们的生活时，我们就能更灵活地将强制性的课程内容与学生的个性化学习需求结合起来。学习中心为学生提供了在小组内进行更深入交流的机会，也为他们建立更紧密的关系和改善班级文化提供了一定的空间。

第8章

促进学生持续的卓越成长

将决策能力的培养扩展到个人生活

像即将死去一般去生活；像能够永生一样去求知。

——甘地 | 印度民族解放运动领导者——

问题呈现：学习在本质上并无关联

由于学习内容和学习方式上的决定权通常掌握在教师手中，因此学生并不总是能够意识到他们的决策在学校内外都可以发挥一定的影响力。太多时候，学生被排除在学习决策的过程之外，这会导致他们对学习产生消极情绪，可能会进而产生学习上的无助感，对他们的个人生活产生不利影响。

我们为学生创造机会，将学校的学习与他们的兴趣和未来的生活联系起来，就为他们打开了成功的大门。

传统的教育体系导致孩子无法看到本质上的联系，尤其是当学生进入中学阶段，进行分科学习时，他们更是无法看到学科之间的本质联系。

跨学科学习在学校的实施并没有像人们想象的那样理想。在传统的学校教育中，我们往往会将不同学科的内容和技能分割开来，以独立的方式开展教学；而且，我们会因为学生看不到各学科之间的联系而感到失落。

作为教育者，我们可以选择助长这种淡漠态度，也可以选择建立充实丰富的学习环境，正视这一挑战，并在课堂上为学生提供实践的机会。我们不应该再小看孩子，认为他们不能胜任某些事情。相反，我们可以从“所有孩子都能够胜任”的立场出发，并找到方法，向他们展示这一事实真相。

策略：促进学生持续的卓越成长

如果学生想要记住所学的知识，那么这些知识必须令人印象深刻，而且在学校内外必须都具有实际的应用价值。如果希望确保学生能够将所学的知识和技能应用于实际生活，我们可以在学校帮助他们做出明智的决策，并展示这些相同的决策如何在不同的环境中发挥作用。

学习中心是一种很好的学习范式，可以为学生提供独立选择和自主决策的机会。学生可以自主选择学习的内容和合作伙伴。同时，学习中心还可以让学生驾驭周围环境，锻炼重要的生活技能。我们可以在中心学习中创建不同的场景，让学生模拟在日常生活中可能遇到的各种挑战性情境。我们的工作是设置社交情境，让学生能够在需要做重要决定的关口确定需要使用哪些技能。

通过合作、沟通和联系三者之间的共同作用，无论是在课堂内还是在课堂外，都可以让学生获得全面的发展。这些技能并非自发产生，而是需要教育者的教授和引导。我们为学生创造机会，将学校的学习与他们的兴趣和未来的生活联系起来，就为他们打开了成功的大门。

可立即着手的应对之策

当你考虑如何帮助学生将知识和技能应用到他们在学校以外的现实生活和未来中时，你可以立即开始将这些软技能融入你的教学：

- **帮助学生做出支持未来目标的决策。**太多时候，大部分决策权都握在我们教育者手中。然而，在我们的课堂上，可能有25个各具不同兴趣和需求的学生。如果我们希望他们持续参与学习，就需要给予他们一定的自主权，让他们自主选择学习的内容和方式。

表8.1 一个学生可用于跟踪和评估自己已阅读的小说的数据表

笔记： 我对这本书的感受：  封面有金鱼和橡皮鸭的照片 书名：《规则》（*Rules*） 这本书讲了凯瑟琳的弟弟患有孤独症，但他又不得不遵守规则。	笔记： 我对这本书的感受：  封面是午餐托盘的图片 书名：《给我留个座位》（*Save Me a Seat*） 这本书讲了一个叫莱维的小孩找朋友的故事。	笔记： 我对这本书的感受：  封面是蚂蚁和奥利奥饼干的图片 书名：《懒虫》（*Slob*） 这本书讲了一个叫欧文的小孩的故事，他是个小懒虫，但很聪明。	笔记： 我对这本书的感受：  封面是一个小男孩 书名：《布鲁福特高中系列：霸凌者》（*Bluford High—the Bully*） 这本书讲了一个小孩来到一所新学校遭到霸凌的故事。	笔记： 我对这本书的感受：  封面是一个男孩头顶书本和篮球努力保持平衡的图片 书名：《史丹福王留级生的伟大时刻》（*Stanford Wong Flunks Big-time*） 这本书讲了一个小孩英语不及格的故事。

如果你正在教授某一个特定主题（比如克服挑战），并且有

五六本具有不同分级的小说供学生选择，可以通过举办图书品鉴活动，让学生选择自己喜欢的图书。学生使用一些阅读图书的技巧，比如查看图书的封面、前言、章节标题或者封底的内容，来了解图书的摘要和评论。让他们根据这些信息选择自己最喜欢的图书，做出首要选择和次要选择。然后，根据学生的首选或次选图书，设计小组活动，让他们一起阅读。给学生上一堂微课，讲解一些阅读或写作技巧，并指导学生使用他们选择的小说来练习这些技巧。每个学习小组，每读一本书，都进行这样的安排，并组织学生在不同的学习小组之间进行轮换。

表8.1展示了学生艾米莉（Emily）创建的一个数据表格示例，用来跟踪记录她在不同学习小组轮换时阅读和“品鉴”的小说。我立即与全班学生分享了艾米莉的表格，多数学生采用了她的模板（或设计了类似的表格）。这种分享加强了学习者之间的合作与互助。

如果学生在阅读自己选择的图书时遇到障碍，需要支持和帮助，我们可以尝试进行伙伴阅读或使用有声读物，帮助那些阅读困难的学生。如果没有有声读物可用，可以看一看哪些学生在中心来回穿梭，已经完成了任务挑战而且有剩余时间；询问这些学生，他们是否可以帮忙录制书中的某个章节的朗读。

如果你使用一篇非小说类文章来教授特定技能，可以考虑让学生自主选择文章的主题。然后，使用各种资源，如在线新闻平台、杂志或在线数据库等，为学生提供各种不同的文章。考虑指导学生使用拼图式阅读的方式，使用自己选择的文章作为教学材料，让他们彼此教授技能，促进深度学习和合作学习。

- **播下种子。**提出一些想法，然后询问学生如何将这些想法融入不同的学习中心。比如，三月是美国的妇女历史月，当你向学生们介绍这一点时，询问他们如何将这个主题融入到不同的学习中心。一个月度主题有助于学生集中注意力，让他们朝着你希望的特定方向前进。这样，不仅仅是教师一人发出“让我们来读一篇关于足球运动员米娅·哈姆（Mia Hamm）的故事”的教学指令，而是学生也可以提出相关阅读建议。他们可以为中心的活动提供多种不同的选项。学生在策划阶段拥有发言权，在参与活动时也会更加投入。
- **获取创意。**课堂开始/结束便签是快速了解学生想法的一种方式。学生可以将这些便签放入建议箱，为下一次轮换提供建议。在你的带夹写字板上附一张核对表，这样你就知道使用了哪一条建议，应该给谁奖励。一旦你开始给予学生奖励，你会看到更多的想法涌入建议箱。
- **合作解决问题。**当学生遇到困难时，及时与他们进行对话交流，并为他们提供必要的帮助和支持。做一个积极的倾听者，并帮助学生找到对他们有意义的主题。当学生进行分组学习时，更容易实现这一点，因为每个小组执行的任务各不相同，你可以轻松自如地在小组之间穿梭，给予学生帮助和指导。

当几个学生面临相同或相似的问题时，你可以将这个问题抛给整个班级，组织一堂微课，进行一场头脑风暴，找到问题的解决方案。当学生共同努力、集思广益时，通常能够找到卓越的解决方案。

将班级分成不同的小组，并设置多个学习中心，可以培养他们自主学习的能力。给学生留出自由的空间，让他们自主解决问题，而不是完全依赖教师或其他成年人，这可以培养他们的问题解决能力和自主学习能力；这种能力会伴随着他们步入大学或职场，让他们终生受益。

全面实施的规划

第1步：培养良好关系以实现集体决策。

建立人际关系是课堂和学校群体学习的核心。如果我们希望学生做出明智的决策，对同伴和周围环境产生积极的影响，他们需要明白自己的选择对他人和环境的重要性。如果我们有意识地与班里的学生建立牢固友好的关系，并促进学生之间发展良好的关系，那么我们就能够更好地应对学习和生活中的各种挑战。

学习中心是建立人际关系的理想场所。因为学生已经按照技能需求、内容或兴趣被分成了不同的小组，所以他们更容易建立起深厚的关系。

一旦建立了牢固的关系，教师就会知道首先要与哪些学生联系以及与每个孩子交流的最佳方式是什么。这是一个展示尊重和成熟沟通的良好时机。在与学生交谈时，对他们表现出应有的尊重，给他们一种集体归属感。允许他们对集体共享空间发表意见。如果为了发展学生不同的社交情感技能，你将学习中心分成了不同的小组并进行轮换，你可以具体确定学生需要提高的领域，以便将他们培养成为更高效的人，而不仅仅是在学业上表现出色的学生。

当然，你会想要示范这种做法，找到一些愿意与你合作的同事一起开展跨学科教学，向学生展示不同学科领域的教师如何共同开发教学项目，为学生提供更全面、更深入的学习体验。

透明鱼缸教学法（Fishbowling）[①]是一种协作对话的形式。让学生观察团队成员之间的互动，这样你就有机会组织学生讨论这些技能，为正式开始进行跨学科合作教学打下坚实的基础。

将这项计划告知学生，并让他们知道各学科教师为了创造这个机会一起做了怎样的努力以及采取了怎样的方式。邀请学生参加一次计划会议，让他们亲眼见证团队成员如何相互合作和交流想法、如何分派任务以及如何推动项目的进展和顺利完成。

组织一场协作性头脑风暴会议，教师先做示范，然后让学生在学习中心采用类似的流程；这样，你就有机会利用已建立的关系，帮助学生培养学术技能和社交技能。

第2步：激发好奇心。

有些学生天生就非常好奇，因为他们一直保持着童年时期的好问精神。遗憾的是，许多学生在学校里却逐渐失去了最初的好奇心。我们的责任是帮助学生恢复好奇心。对于孩子们来说，他们可能对一些从未接触过的新内容毫无概念，所以我们对新内容的呈现方式至关重要。考虑使用分组讨论室或寻宝游戏，作为探索新知识领域的手段。让学生参与到课堂设计和收集反馈的过程中来，帮助他们把自己的想法付诸实践，并让整个班级参与其中。

培养学生好奇心的另外一种方式是让他们积极参与学习过程。为学生提供实习机会或实地工作观摩体验，这样，他们就有机会进入实际工作领

① Fishbowling是一种特殊的协作对话形式，通常在小组或班级中使用。在这种对话中，一部分学生作为被观察者坐在中间的“鱼缸”内进行对话，而另一部分学生则围绕着“鱼缸”坐成圈子。观察者在“鱼缸”外保持沉默，只观察内部小组的对话和互动。——译者注

域，亲身体验不同职业内部的具体工作内容。在参与了实习或工作观摩体验之后，围绕学生高度感兴趣的职业，创建一个学习轮换计划，让学生探索自己的职业兴趣和发展方向。然后，学生可以通过不同的方式分享他们的学习成果，例如使用视频讨论平台、制作短视频或在不同的学习中心进行写作实践。

如果无法联系到校外职业人士，可以在校内寻找实践机会。考虑一下学校内部的不同工作岗位，从领导层到教学一线、语言病理学、社会工作再到餐厅烹饪。或许，教师甚至可以与学生互换身份，亲身体验一天的学生生活，体验学生在学校的日常生活和学习感受。角色扮演是培养好奇心和同理心的一种有效方式，因为学生可以在每个学习中心体验不同职业的工作感受。

你也可以反其道而行之，设置以学生高度感兴趣的职业为主题的学习中心（事先调查学生的兴趣），为学生提供该职业所需的典型工具和材料。让学生审查这些工具和材料，并确定哪些职业会使用这些物品，以及这些职业是否适合他们。

第3步：建立学校与社区之间的联系。

由于建立联系与合作伙伴关系需要时间，我们要有意识地培养和维护这些关系。与全班学生一起开展调查活动，寻找支持学生兴趣的本地企业和组织。面向整个班级的研究技能教学是实现这一目标的绝佳机会。家长教师协会（PTA）也可以为此项教学提供丰富的资源和支持，因为协会成员是社区发展的支柱。他们通常能够指引老师朝着正确的方向前进，为学生提供更多合适的机会。

有些学生可能已经参与了校外组织，并且已经建立了外部联系，教师可以借助这些关系，建立和加强学校与社区之间的联系。在可能的情况下，鼓励这些学生积极参与和建立与这些组织和社区的联系；可以通过创建一个专门的中心，专注于发展与社区的联系及合作。

一旦你确定了潜在的合作伙伴名单，让学生写一封正式的信函，介绍班级学生情况以及学生正在努力实现的目标。你可以邀请社区联络员来学校与学生交流，或者与学生分享他们宝贵的校外经验。这些联系可以提供一个“从学校到职场”的体验，让学生亲身感受真实的工作环境和职业生活，为学生提供宝贵的实习机会。这些经历都可以成为学生后期在学习中心分享的内容。

其他有助于学生培养重要人际交往技能的活动包括编写高质量的面试问题以及与陌生成年人进行交流。这些活动都是教导学生学习“语码转换”[①]的大好机会，使他们能够学会在不同情境下使用适当的语言。在开始社区实践之前，让学生在学习中心相互进行模拟面试练习。

第4步：创造课后机会。

学生平时忙于学业，因此很难找到足够的时间和空间来全身心投入合作学习的过程。把学生组织起来，在放学前、课间休息时或放学后为他们提供专门的空间，开展学习中心的活动，为学生提供在团队合作中学习和成长的机会。如果校内有公共的空间或教室，就将其利用起来，创建一个专门用于合作学习的实验室。

在学习中心践行这些合作技能后，学生需要看到这些技能如何在学校以外的环境中得以应用。利用学习中心的空间，为学生制定校外的日程安排，为他们提供更多的实践机会。

① 语码转换是一种动态和灵活的语言使用方式，帮助个体在多样的交际情境中更好地交流和表达自己的意思。——译者注

第5步：开展跨学科的综合学习体验。

邀请你的同事一起合作，策划一个活动，以展示你们中心的学习成果。每个学科都可以根据特定主题布置各自的展示区域，让学生展示他们在各个学科中的作品，并解释他们是如何运用各学科的知识和技能来创作这些作品的。通常情况下，学生很难实现跨学科内容的技能迁移，但是我们可以为学生创造这种机会，让他们自然而然地经历这种知识迁移的过程，从而更深入地理解各个学科之间的联系。

鼓励学生邀请学校领导参与活动，或在中心轮换时邀请学校领导前来参观。在学校日常安排中添加总结性活动，可以使所有活动的安排更加简化。给活动取一个朗朗上口的名称，以吸引更多的人积极参与，还要申请一个可用于分享的场地。

学生可以策划和协调活动，决定活动的主题、时间和地点。邀请学生参与讨论和决策，确定活动的展示内容和参与人员。还可以让学生设计邀请函和宣传海报，并进行相关的宣传和推广。

各学科教师集思广益，可以激发出卓越的创意，激励学生策划活动，使不同年级的学习者都能参与其中，获得一次难忘的体验。根据不同的策划内容，创建不同的中心，就像是策划委员会一样。

第6步：展示个人学习成果的迁移。

知识迁移是学生面临的最具挑战性的技能之一。无论是学生在听到使用不同语言表达的类似概念时感到困惑，还是只是不能将自己的兴趣与学习联系起来，你都可以帮助他们克服这种障碍。向学生展示在他们的兴趣领域中所展现的技能如何帮助他们树立信心并取得学习上的进步。以专业人士的身份，跟学生分享你在学校内外的成长经历。谈一谈你生活中学习之外的事情，以及组织教学的技能是如何有助于你处理家务的。

通过与学生进行坦诚的对话，可以赋予他们自主权，让他们主动反思自己的生活。由于我们可能会组织全班学生进行这种对话，因此在涉及不同学习中心的知识迁移时，我们可以鼓励学生按照个人目标进行分组，并相互帮助，在不同领域之间建立重要的联系。

此外，为了丰富学习中心的体验，可以邀请家长和专业嘉宾分享他们的职业经历、成功故事以及从失败中吸取的教训。学生可以参与一种类似于网络社交的轮换，在不同的学习中心之间轮流移动，每个小组都有一位成年嘉宾，与学生分享经验并回答问题。

如果无法邀请到社区的成年嘉宾亲自到校担任嘉宾，可以通过视频会议邀请他们参与，录制他们的想法，以便与不同中心的学生分享。鉴于学生不能直接与专业人士互动，他们可以编制一个问题清单，然后录制视频，将其发送给专业人士，使用一些应用程序与专业人士进行交流。如果存在技术方面的障碍，可以尝试通过书信的方式，让学生联系专业人士或其他社区成员，邀请他们以书面形式分享他们的故事。挑战是帮助孩子合作创新和共同解决问题的良好途径，这种经历可以成为创建另一个学习中心的基础。

克服阻力

虽然将学习与学生的生活联系起来听起来是一个老生常谈的话题，但是我们教给学生的许多内容似乎并不容易转化为实际应用。那么，我们该如何营造良好的学习环境，促进学生将学习与日常生活联系起来并使之更有意义呢？或许你身边的一些教师认为这并非必要，或者他们故意找借口，不愿将学生的兴趣融入到学习中。以下这些建议可以帮助那些喜欢唱反调的人更全面地审视问题。

学生无法完全独立地做出决策。选择是一项艰难的事情，而太多时候，

作为教育者，我们应该及时发现学生做出的明智决策，并给予他们即时的反馈。

● ● ●

教育者往往认为学生无法做出明智的选择。但是，教学生如何做出明智的选择是我们的本职工作。教育者可以在一天的教学活动中为学生提供多次机会，来练习做出各种决策，并反思这些决策的效果如何。学习中心为学生提供了安全的学习环境。当学生选择自己的学习中心时，他们就是在练习决策的过程。一旦学生掌握了根据自身需求选择有价值的学习中心的技巧，他们就能在课堂上更好地保持专注。

通过在学习中做出小的决策，学生会变得更加自信，有能力承担更大的责任。所以，在后续的轮换过程中，学生可以选择自己感兴趣的图书、文章或段落进行阅读，在写作中心选择自己喜欢的主题进行写作，或者在听力中心选择自己想要听的内容。设定时间限制也有助于学生做出选择。在学习中心做决策有助于学生将这一技能迁移到课堂外的生活中。

学生会做出错误的选择。所有人不可能总是做出最佳选择——这是我们学习的过程。在学习中心进行选择策略练习时，教师可以鼓励学生不断取得学业上的进步，培养他们成为有价值的社区成员。教师可以提供建议和反馈，并向学生提出一些问题，比如：

- 你是否能够在学习中心与其他成员一起保持专注的学习状态？
- 这对你来说是最好的选择吗？为什么呢？
- 如果你在这个学习中心走神了，你如何让自己重新保持专注？

作为教育者，我们应该及时发现学生做出的明智决策，并给予他们即时的反馈。我们可以帮助他们反思自己的选择，并与他们讨论是否有其他可以带来更好结果的选择。自我反思至关重要，这也是自我反思的作用所在，它有助于学生意识到他们要为自己的选择承担后果，无论是积极的还是消极的。

当团队成员未能达成目标时，这是一个讨论问题并找出原因的机会。让学生分享自己的想法，谈一谈这一次他们是如何取得成功的。通过这种方式，引导学生评估他们自己的决策，并帮助他们从错误中吸取教训。在学习中心与某一个小组的学生进行这种交流，仅针对那些需要听到这些信息的学生；班里其余的学生可以继续进行他们原来的活动，因为他们不需要上这堂微课。这是学习中心的另一大优势。

我无法获悉学生在学校之外的活动。当学生走进教室、走过走廊或走进餐厅时，听一听他们都在聊些什么。他们会谈论最新的时尚潮流、电子游戏、音乐以及镇上最近发生的事情。然后，你可以通过一些方式将这些话题引入课堂；比如在组织中心活动时，可以选择与话题相关的文章，将话题内容融入复习游戏的问题中，或者播放相关的背景音乐。在中心活动期间轻声播放学生建议的纯音乐，有助于保持适度的噪声水平，给学生带来积极的体验，并让他们与音乐产生联系。音乐还可以在中心轮换期间发挥作用。

通过对学生进行调查或布置能够让他们展示自身兴趣的简单任务，了解他们的校外兴趣。创建一份“入场调查表”，让学生回答他们在周末或课后参与了哪些活动。在教室中展示这些项目成果，以便整个学年随时对其进行回顾。

我们在课堂之外没有更多时间来做额外的工作。教师在学校内外肯定有很多事情要处理，学生也是如此。教师的工作本来已经非常繁重了，没有人希望为他们增加更多的负担。如果我们能够更加明智地工作，将精力集中在对学生和教学产生积极影响的事情上，而不是闷头苦干，那么所投入的时间将会带来更大的回报。最重要的是要有意识地对我们的时间进行规划。如果我们能够优先考虑那些对学生有更大影响和意义的活动，我们可以更高效地完成工作，并通过学习中心为学生提供更有意义的学习体验。

教育管理者小贴士：

由于教师正在建立社区联系，作为学校领导，你应该积极参与其中。作为领导者，你的言行举止将成为其他人学习和效仿的标杆。如果你希望自己的团队成员为学校和社区的工作做出贡献，你自己要以身作则，让他们看到你积极的身影。你可以创造机会，让整个团队一起参与，以此来表示对教师的支持。你可以与家长教师协会、公共图书馆和其他社区组织联系，了解社区内正在进行的各类活动，并将这些信息整合到一个日程表中。分享这个日程表，并带头示范如何主动参与社区活动，积极参与学校和社区的合作。

在你的专业发展时间内，开始思考创建以小组形式为基础的中心学习计划。当一个推荐者提供了可在课堂上使用的教学策略或技巧时，考虑如何将其应用到某个学习中心，而不是整个班级。这样，你就可以在教室内创设更多的中心，为学生带来新颖有趣的教学活动，激发他们的学习动力。如果我们将每个想法都在全班学生范围内予以呈现和推广，势必会占用宝贵的课堂时间。但是，如果是在学习中心践行教学创意，你可以同时引入多个创意。如果你担心学生可能不理解或感到迷惑，记得在学习中心活动中包含任务单，提供明确的指导。如果有学生悟性很高，很快能够理解学习任务，这些学生可能会信心满满地发挥带头作用，主动帮助其他同学，向他们展示任务的执行步骤，并解答他们的疑问。如果没有出现比较积极的学生，作为教师，你可以介入其中，进行一堂快速的微课教学，向整个小组解释任务的要求和期望。一旦教师开始接纳并采用学习中心的教学理念，各方之间的联系将逐渐形成。

沉浸式学习实践

琼斯督学分享了他所在学区的学校如何与社区合作，通过学徒计划培养为未来做好准备的工作者和学习者。

“实践一小时，抵得上课堂20小时。”这句格言充分体现了我们学区为学生提供的机会。“我不知道具体的比例，但我知道当学生有机会在真实的场景中运用他们的技能时，他们的学习效果会呈指数级增长。”现在，各种保障措施都不再存在，压力迫在眉睫，学生们必须表现出色。现实生活情境的不可预测性是促使学生成长的原因之一。

一旦学生走出舒适可控的教室环境，我们希望他们能展示他们所学的知识和技能。没有比我们这种合作学习中心更好的实践场所了。我们的职业技术教育学区下辖四所高中，共开设了39门职业课程。与许多职业技术教育学校不同，我们的高中提供必修的学术课程和体育活动，学生可以全面参与学习和各项活动。我们的学校体系与其他学校体系的主要区别在于，学生在整个学业过程中不会选择多门选修课程；在学生与我们一起度过的四年时间内，我们通过让学生在各自选择的职业领域内获得10个学分，最大限度地提升学习的深度。

学生会在九年级探索自己感兴趣的各种职业领域。在九年级学年结束时，他们会选定一个学习的职业领域，并且已经开始学习该领域相关的基本知识和技能。在高中的第二年和第三年，由于学生已经掌握了某一职业的基本细节，他们的课程难度将逐渐增加，同时在课堂内获得了多种现实世界的实践机会。例如，无论学生是参加医疗职业课程还是电工技术项目，他们的课程内容会逐渐变得更具技术性和挑战性。

经过两年半积极的职业和技术培训，我们的学生已经具备了足够的能力和技能，可以进入相关工作领域开始工作了。合作式学习体验是我们的首要项目，通常有800多名学生可以从中获得行业体验。这种真实的学习发生在大中小型公司，涵盖了从医院到餐厅到制造工厂等不同行业。这只是针对学生一方所做的准备。另一个方面则建立在与杰出的商业合作伙伴建立的非凡关系之上，这些商业合作伙伴不仅可以为学生提供真实的实习机会，而且还清楚他们在学生技术和软技能（如沟通、合作等）发展中所扮演的重要角色。

每所学校都有一名合作协调员，与我们的商业合作伙伴紧密合作。通过我们的合作关系，学生沉浸在真实的情境中，必须运用他们在学校学到的技能来解决实际问题。我们的合作式学习体验主要有两种形式。一种是半天制合作项目，学生上午在学校上课，下午外出实习。另一种叫“双周实习项目”，是一种更为新颖的合作形式，但对我们许多熟练工种雇主来说效果很好。在这个项目中，学生连续实习两周时间，然后在接下来的两周回到学校上课。这使得学生能够完成他们必要的课程要求，同时也满足了雇主的需求，因为在连续两周的时间里，学生整天都可以为雇主工作。这种实习项目的安排通常由两名学生共同享有一份实习岗位，这样，当一个学生去实习时，另一个学生就可以在学校上课，然后在两周后进行轮换。通过这种安排，就可以保证有学生一直在岗。

这种项目模式将学习和实际工作联系起来，不仅为学生提供了真实的实践经验，而且还促进了下一代熟练工人的培养。由于我们的商业合作伙伴了解我们学校的目标，并且他们最终可以从熟练技能劳动力中受益，这种实习工作实际上是课堂的真正延伸。这些雇主充分认识到他们的责任，并持续与学生合作，努力帮助学生实现之前在第6章中提到的学习目标，即将个人学习转化为实际应用。即使学生已经在课堂中学习了两年的技能，但他们仍需要在真实的、不可预测的情况下运用所学知识并学会“随机应变”。

这绝非易事，但这正是发展学生主动性的核心所在。我们为学生提供了独有的实践机会，让他们接触真实的工作环境，并获得完成工作所需的技能。最重要的是，我们赋予了他们试错和纠错的能力。学生培养了自己的批判性思维，学会了对上级负责，严格遵守最后期限，按时上班，并能够在一周结束时获得一份不错的工资。

学校的重点在于我们所教的学生，而不是课程内容，当然也不是我们自己。如果我们要让所有学习者都能欣然接受所学内容，就必须找到方法将学生纳入决策过程，并教导他们成为更加优秀、更具战略性的决策者。我们在各个中心教授的技能和知识需要延伸至课堂之外，这样，学生才能为个人成长和未来学习做出最好的决策。

在考虑如何在共享空间实现这一目标时，请思考以下问题：

1. 你可以在课堂上分享哪些学生正在做的炫酷事情，以便将学习与这些事情更紧密地联系起来?

2. 如何利用反思来帮助学生进行自我倡导?

3. 自我倡导是我正在积极教授的一项技能吗？我是如何做的呢?

学习中心有助于学生提升协作、决策、沟通和自主等软技能。这种学习方式可以让学生积极参与学习，帮助他们展示更高水平的技能转化。进而使得无论是现在还是将来，学生都能够自信地融入社区，为社区发展做出积极的贡献。

结语

未来掌握在我们创造者的手中

现代创新不断驱动社会朝着难以预测的变革方向前进。遗憾的是，自工业革命以来，美国的学校体系并没有跟上世界的变革步伐。这导致学校目前在寻求新的方法来吸引学生，帮助他们为应对未知和不断变化的未来做好准备。

我们明白教育体系不可能像我们所希望的那样迅速发生改变，因此，每位教师、校长和学区领导的责任就是确保在学校内部创造出适宜的环境。为了构建合适的学习体系，帮助教师和学生应对即将到来的各种社会变革，学校教学必须将一切利益相关者和社区纳入其中。在各学科领域创建丰富的学习中心环境可以实现这一目标。

当我们为学生提供机会，让他们去试错和纠错，并为他们提供充足的时间去合作时，这不仅有益于他们当前和未来的学习，而且对整个社区建设都有好处。学生需要知道如何让自己的校园时光变得有意义，并看到其中的价值，在课后以及未来的生活中，将所学应用到实际生活中。

学习中心让学生能够主动参与自己的学习，自主探索深层理解和认知方式。在学生参与中心学习的过程中，他们有机会在不同的内容领域中探索自己的兴趣；这就是在让学生看到这一点：即使他们之前可能认为自己对某些学科并不感兴趣或不擅长，实际上，他们可以运用这些学科的技能和知识来解决现实生活中的问题和挑战。

世界正在朝着越来越个性化的方向发展。无论是通过在线程序点咖啡还是在网上买衣服，我们都有机会亲身参与生活的方方面面，最大限度地满足个人需求。为什么学校不采取同样的做法呢？尤其是在中学阶段，学生就已经开始决定自己未来的专业方向了。学习中心就是破解之道。

在学校教学日程中加入各种反思、自我评估和策略有助于学生成长为更有深度的思考者、问题解决者和问题发现者。此外，帮助学生培养适当的社交情感技能，让他们成为更好的合作者和团队成员，真正为他们步入社会做好准备。

虽然教育体系可能尚未完全适应这种变化，但我们可以关注教学中的各个细节，着眼于整体情况，有意识地将我们教授的技能与学校课程和课堂教学法的期望目标联系起来。例如，像新闻学这样的学科通常会被归类为俱乐部活动或选修课程；然而，在中心学习模式下，学科的学习内容被按照不同的技能和能力进行分解，学生可以更个性化地选择和深入研究他们感兴趣的领域。新闻报纸或年鉴通常包含不同的板块，由学生编辑担任领导者角色，负责指导和推动同伴在各个板块中的学习进展。他们正在开发一个真实的产品，这个产品将被真实的观众阅读和浏览，而不仅仅是他们的老师。就像新闻编辑一样，生物实验室或心理学课堂也可以作为学习中心，以类似的方式运作。

毫无疑问，世界正在经历深刻的变革，而当我们最年轻的学习者踏入职场时，他们所需的技能和从事的工作类型可能会与我们现在所知的情况截然不同。我们需要明确自己的教学目标，并确保我们的决策与这个更大的愿景保持一致。孩子们值得我们倾注一切努力。

为了实现这一切，学区、学校和课程负责人均需各自扮演不同的角色，在教师指导学生时为他们提供支持。如果我们真能以身作则，就需要给予教师选择权和发言权，就像我们希望学生拥有自主权一样。建立这种内在的信任将有助于培养学生的成长型思维模式，甚至（而且）对于成年人来说也是如此。

我们如何有意识地对目前所做的事情进行改进，以将合作、专注和反思融入到我们的学习过程中？思考以下几个问题：

1. **如何建立学校中成年人与学习中心之间的联系？**
2. **如何让学习与学生的兴趣爱好相契合？**
3. **参与类似EdCamp式的教师专业发展活动如何促进这种学习文化在课堂中的应用？**

这取决于我们的决定。

虽然我们可能无法完全放弃现有的教学法，让一切从零开始，但我们可以从现有的基础出发，真正创造个性化的空间，让每一位学习者都能茁壮成长。

致谢

凯伦和斯塔尔想要感谢罗伯特·狄龙博士、杰西卡·西米尼、保罗·布隆伯格博士、扎克·科恩和约瑟夫·琼斯博士对本书的贡献。没有你们提供极具思想深度的故事和想法，本书就会缺乏专业知识方面的丰富度和深度。我们对此深表感激。

非常感谢康妮·汉密尔顿，在我们写作的过程中，她一直履行着挚友的责任，为我们提供了反馈和周到的建议。

我们也感谢西亨普斯特德学区的支持，尤其是米歇尔·诺蒂，她总是为凯伦提供她所需的活动空间，为她的学生创造了良好的学习环境。更不用说这是我们相识并开始合作的地方，对此我们非常感激。

感谢肯尼和洛根帮助我们扫描学生作品，并提出与现代学生观念相符的建议。

来自斯塔尔：

我要感谢凯伦，她愿意在与我合著第一本书时袒露心声，真诚地展现出自己脆弱的一面。特别感谢查理，没有他的耐心，这一切皆无可能。感谢我的父母这一路的陪伴，他们总是饶有兴致地参与其间，虽然不能总是明白我在忙些什么，但他们始终陪在我身边，给我支持。还要感谢我的儿子洛根，他给了我灵感和动力，让我看到了自己希望在教育领域看到的一切改变。每个孩子都应该获得助力其成功的最佳机会，因此需要愿意不惜一切代价去实现这一目标的优秀教师。

来自凯伦：

我要感谢我的第一位导师和朋友雷吉娜·吉尔伯特博士，她将我置于她的羽翼庇护之下，并与我分享了她的教育价值观，始终坚持为孩子们做正确的事情。感谢我的现任导师斯塔尔，她带领我踏上了梦寐以求的教学之路，帮助我在教育方面不断学习和进步。

此外，我还要感谢我“实验班”的学生，他们的热情和能力使得中心学习在中学学习环境中取得了成功。

感谢我的人生启蒙教师——我的父母，你们给予的爱和指引是我人生路上的基石。埃德，感谢你总能让我开怀大笑。最后，感谢艾迪、塞布丽娜和肯尼，你们形成了真挚的亲情纽带，激励着我每天都能成为最好的自己。

附 录

本附录包含以下模板资源和学生作品示例：

- 学生反思模板
- 学习中心：6轮示例
- 人物搜索模板
- 学生反思表

学生反思模板

日期/中心名称	反思内容：你学到了什么，你如何知道自己是否已经完成任务，以及下次需要进行哪些方面的改进。	教师反馈

姓名：______________________________ 日期：______________________________

学习中心：6轮示例

学习中心	目标	实践说明
技术中心	研究主题： 霸凌现象 健康习惯 减少使用/重复使用/回收利用 选择1个主题，然后阅读与你的主题相匹配的文章	霸凌现象："学校采取措施制止霸凌行为" HH:"屏幕时间越长，成绩越差" RRR:"重新补充和重复使用" 阅读、重点标记以及回答8 MCQ和Flipgrid；你从研究中学到的东西
阅读中心（戏剧中心）	阅读戏剧《消失的国王》 分析人物角色、故事背景和问题	选择团队领导者 发放阅读片段 阅读戏剧 把它表演出来
写作中心	诗歌写作/自由写作 具象诗、自由诗、俳句诗 提供指导性范文	在学习诗歌的形式之后，写一首具象诗、一首俳句诗，或者两者都写
听力中心	听妮琪·乔万尼编写的《嘻哈与孩童对话，富有节奏感的颂歌》	围绕其中一个任务角色，参考一个章节，写一个短篇故事，创作一首诗歌或画一幅漫画
游戏中心	拼词游戏 香蕉拼词游戏 反义词配对游戏	各小组可以选择其中一款游戏。 想要把内容分解开来吗？为什么不呢？
教师辅导中心	补做常规英语语言艺术课上未完成的作业任务。 就像一个共享服务中心	完成以下任务： 个人陈述、阅读BNB、课堂开始/末尾小测试

姓名：________________________ 日期：________________________

人物搜索模板

说明：找一个与你的答案相匹配的同学。中心方块是空白的，供你创建自己的问题。你有10分钟时间，四处走动，结识新朋友，注意言语文明。努力在玩游戏中得分。

挑战：将整个版面填满，或接触到所有同学。

有和你一样多的兄弟姐妹	养的宠物跟你的不一样	喜欢看漫画小说	会画画	喜欢拼图游戏。何种类型？
和你喜欢同样的甜点	兴趣爱好和你的不一样	喜欢观看视频	会说一种不同的语言	喜欢游戏。哪些游戏？
和你一样喜欢同一个科目	去年的任课老师跟你的不一样		会演奏一种乐器或者会唱歌	喜欢阅读。何种类型的文本？
生日月份跟你的一样	和你有不一样的课外活动	喜欢户外活动	会做饭或烘焙	喜欢一档电视节目。哪一档节目？
眼睛的颜色跟你的一样	跟你住在不同州、国家或大洲	喜欢悬疑风格	擅长一项体育运动	喜欢糖果。哪种糖果？

学生反思表

日期和学习中心	反思内容：你做了什么、感觉进展如何以及哪些地方需要改进。	教师反馈
3月13日，第一天，听力中心	今天我在阅读中心，我真的非常喜欢这本书，但是我没有完成社交平台的编辑任务。	先完成社交平台的任务，然后去另一个新的学习中心。（学生回复：好的）
3月15日，第三天，信件写作	今天我在写作中心，给穆罕默德写了一封信，已经写完了。	我把信件给了穆罕默德，他对我说："谢谢！"
3月19日，第五天，阅读中心	今天我在阅读中心，我还没有读完手头的这本书，我今天读了14页。	集中精力读书！你最不喜欢哪一个角色？
3月21日，第一天，游戏中心	今天我在游戏中心，我赢了两轮比赛，我发现了两个单词拼写；我也发现了其他很好的词汇。	词汇超级奖励！你喜欢这个游戏吗？（学生回复：当然！这个游戏很有意思）
3月26日，第三天，阅读中心	今天我在阅读中心，我写的文章得了100分。	干得漂亮！ 完美！
总结：在这一轮的学习中，我做得还不够好，因为我没有完成协作平台上的任务，没有读完手头的这本书。 （教师回复：你可以把书带回家阅读，并将协作平台上的任务当作家庭作业去完成。）（学生回复：好的！）		

日期和学习中心	反思内容：你做了什么、感觉进展如何以及哪些地方需要改进。	教师反馈
2 月 11 日，阅读中心	今天我在阅读中心，提高了自己的分数。得了75分。	不错！
大约2个小时	今天我在游戏中心玩了游戏，我两轮都获胜了。一位小伙伴尿湿了裤子，但我不知道他是谁。	你的优势是什么？你在哪些地方的学习比较吃力？
2 月 13 日，阅读中心	今天，我能完成2个章节的阅读。我想我应该加快速度以完成本书的阅读。欧文对嘉宾的能力持怀疑态度。	很好，把页码附上；是哪位嘉宾？（学生回复：第73页）
2 月 15 日，艺术中心	今天在艺术中心，我完成了自己的连环画《跑酷》（*Run-in*）的创作，里面的主角互换了身体。	
2 月 24 日，听力中心	今天我听了《落字如飞》（As Fast As *Words Could Fly*），做了一份协作平台任务，在上面写道：曼森在参加打字比赛时，表现出了无畏的精神。	你是否完成了协作平台任务？

日期和学习中心	反思内容：你做了什么、感觉进展如何以及哪些地方需要改进。	教师反馈
听力中心	今天我在听力中心，我认为自己的表现真的很棒，因为我听了故事，并且完成了视频讨论平台上的任务。 我无须过于担心自己的发型。好吧，下一次我要做一次新的尝试。	优秀反思！感谢你的诚实。
游戏中心	今天麦迪逊赢了比赛。我今天拼出的最喜欢的单词是“山羊”。我做得很成功。	很高兴听到你有这样优秀的表现。你有没有想出一些可以获得额外奖励的单词？ （学生回复：没有）
阅读中心	今天我阅读了第28页到第39页的内容，另外，还发生了一件大事：泰瑞和达雷尔打架了。	—我还可以做更多的阅读（学生反思） —是的（教师回复） —他们是怎么打架的？ —用拳头打的（学生回复） —有人受伤吗？ —哦，没有（学生回复）
教师辅导中心	我来教师辅导中心了，完成了测验，我做得很好。	
阅读中心	在阅读中心，我做了扩展阅读和阅读练习，我的蓝思值（Lexile，一套分级阅读体系）超过了全球88%的其他同龄人。	—我应该坚持相信自己的直觉。（学生反思） —好建议！（教师回复）
写作中心	我做得非常成功，因为我写完了一整封信，而且写得还非常不错。在这次轮换过程中，我的表现真的很棒。	—我同意！（教师回复） —谢谢您！（学生回复）

作者简介

斯塔尔·萨克斯坦

斯塔尔·萨克斯坦是一位广受全球认可的教育思想领袖、演讲者和作家。近年来，她在加拿大、迪拜和韩国等地发表了各种教育主题相关的演讲，涵盖了评估改革、技术支持语言教学、博客和新闻教育、自携设备以及取消传统评分评级等多个方面的主题。最近，她在一次演讲中探讨了取消评分评级的话题，演讲题目为《一个康复中的完美主义者的摒弃评分评级之旅》(*A Recovering Perfectionist's Journey to Give up Grades*)。

斯塔尔·萨克斯坦的教学生涯始于21世纪初，她最初在法洛克维高中(Far Rockaway High School)任教，后来又到纽约州的西亨普斯特德(West Hempstead)担任人文学科主任。在担任领导职务的第一年，她在纽约州新普尔茨州立大学完成了高级领导证书课程。在此之前，她曾在纽约市长岛城高中担任美国教师联合会(UFT)教师中心协调员和英语语言艺术教师。她还曾在纽约法拉盛的世界新闻预备学校工作了九年，担任高中英语和新闻教师，她的学生在这所预备学校运营着多媒体新闻媒体网站WJPSnews.com。

2011年，道琼斯新闻基金(Dow Jones News Fund)授予斯塔尔“特别顾问”荣誉称号；2012年，《教育前沿》(*Education Update*)将她评为杰出教育家。在她现任的职位中，萨克斯坦摒弃了评分评级制度，教导学生学习并不仅仅是关于分数，而更重要的是培养他们的技能和能力，实现成长和进步。

2012年，萨克斯坦参加了国家教师资格认证（National Board Certification）项目，通过这一项目深入审视自己在英语教育领域的实践，不断提升自己的教育能力。经过一年的精心审查，她成功地通过了与学生的学习实践相关的认证，并获得了这一荣誉。她还是新闻教育协会（JEA）认证的高级新闻教育工作者。萨克斯坦还曾于2010—2016年担任新闻教育协会（JEA）的纽约州主管，帮助纽约州的指导老师提升新闻教育课程的教学。

她的著作包括《揭秘教学神话：帮助教师创造富有远见的课堂视角》《教育工作者博客》《指导学生自我评估：我如何帮助学生成长为学习者？》《提问的力量：打开学生探究世界的大门》《评估突破：在传统分级学校中放弃分数的10种方法》《沉浸式评估：在传统的分数制学校中实行无分数评定的10种方法》，以及与康妮·汉密尔顿合著的《沉浸式作业：激发课外学习的10种策略》。此外，她还与美国督导与课程开发协会（ASCD）合作出版了《课堂中的同伴反馈：让学生成为专家》，在2019年出版了《从教师到领导者：教学领导新手初探》（DBC），并在2021年出版了《尊重评估：满足学生社交情感需求的日常实践》（ASCD）。

萨克斯坦在2017年和2018年参与汇编工作，包括杰夫·佐尔（Jeff Zoul）和乔·马扎（Joe Mazza）主编的《教育即时写作》，以及由劳特利奇出版社（Routledge）出版的《教育创新的10个视角》。她最新的著作是在2020年由西弗吉尼亚大学出版社出版的《教学升级：为什么给学生评分评级不利于学习（以及应该怎么做）》（高等教育中的教与学）。

在2019年，她为《教育周刊教师版》的“工作进展”专栏撰写博客，对教师工作和教育改革的各个方面进行了探讨。她曾获得2014年班米奖（Bammy Awards）“杰出中学教育者”竞选决赛入围资格，以及2015年博客类别的竞选决赛入围资格。2016年，她被评选为ASCD的“教育新锐领袖”。

萨克斯坦于2019年开始与核心协作社（Core Collaborative）合作，提供全职咨询服务，与团队合作进行评估改革，并将学生的声音引入所有课堂学习的前沿。通过与核心协作社的合作，萨克斯坦成为咪咪和托德出版社（Mimi & Todd Press）的合作出版商，帮助其他作者分享心声，讲述他们带给学生的重大影响。她参与的第一本出版物是由弗洛伊德·库珀博士（Dr. Floyd Cobb）和约翰·J.克朗爱普（John J. Krownapple）合著的《尊严文化中的归属感：公平公正教学成功实施的关键》。2021年3月，由凯莉·罗斯布洛克（Carrie Rosebrock）和莎拉·亨利（Sarah Henry）合著的《目标指引：一种基于系统的学校领导力培养》通过咪咪和托德出版社出版。

旨在帮助教师和学校改变他们的学习报告方式的教育科技初创公司Mastery Portfolio于2021年8月任命萨克斯坦为其首席运营官（COO）。

除了忙于写作和教学，萨克斯坦还要照顾高中生儿子洛根，在工作和家庭之间寻找平衡，对她来说，这是一段充满挑战的旅程。站在自己孩子的视角观察世界，让她明白为什么教育需要为每个孩子做出改变。她的丈夫查理是一名正念和冥想教练，也是一位私人教练，他的技能帮助萨克斯坦认识到了自我关爱的重要性。一家人风雨同舟，相互扶持，其乐融融。

凯伦·特威利格

凯伦·特威利格是一位经验丰富的教学领袖，同时也是中学教育体系下学习中心模式的早期实践者。她拥有34年的教育经验，她的教育生涯始于纽约西亨普斯特德学区，她在那里担任四年级的教师。作为一名新教师，她面临着让学生保持兴趣并积极参与学习的挑战，这也是她对项目式学习产生热情的原因之一。

作为一名幼儿园教师，特威利格意识到当学生可以自主选择时，他们会更加积极参与学习。在过去的14年中，她围绕学习中心模式创建了一系列学习单元。她与同事们密切合作，为年幼学习者开发了阅读课程，并参与了教育委员会的工作，改进了幼儿园学生的成绩报告单。

她对技术的热爱激发了她的求学进修热情，于1989年获得了长岛大学波斯特分校的教育计算机硕士学位。通过将当下的教育趋势融入课堂教学，她为学生提供了参与学习的多种形式。

当特威利格所在的地区开设幼儿园中心时，她是教育工作者团队的一员，该团队专注打造学生可以自主选择的学习中心，以提高学习体验的参与度。她还与弗雷达·克洛普弗（Fredda Klopfer）密切合作，将“写作工作坊”模式引入她所在的幼儿园课堂。

特威利格总是乐于挑战自我，所以她成了一名六年级的英语和社会研究教师。基于她在幼儿园的经验，她将小组教学引入了六年级的课堂。此外，她还建立了基于导师制的阅读/写作研讨会模式，并为该学区编写了六年级课程。

特威利格还曾教授融合教育课程和英语为第二语言（ENL）课程，并与阅读专家、特殊教育教师、言语治疗师以及专业人士携手合作，将共同教学模式引入学习空间。

当她所在的学区采用普林斯顿模式，将六年级划归至初级中学阶段时，她作为六年级的一名教师，也随之成为这种新教育体系的成员之一。特威利格与她的人文学科主管斯塔尔·萨克斯坦密切合作，开发了一种适合40分钟课堂的学生学习中心模式，并结合了理想的中小学教学理念。

特威利格于2020年6月从教学一线退休。她期待与未来的教育工作者分享自己在学生自主驱动型学习中心方面的见解。

“常青藤”书系——中青文教师用书总目录

书名	书号	定价
特别推荐——从优秀到卓越系列		
★ 从优秀教师到卓越教师：极具影响力的日常教学策略	9787515312378	33.80
★ 从优秀教学到卓越教学：让学生专注学习的最实用教学指南	9787515324227	39.90
★ 从优秀学校到卓越学校：他们的校长在哪些方面做得更好	9787515325637	59.90
★ 卓越课堂管理（中国教育新闻网2015年度“影响教师的100本书”）	9787515331362	88.00
名师新经典/教育名著		
最难的问题不在考试中：先别教答案，带学生自己找到想问的事	9787515365930	48.00
在芬兰中小学课堂观摩研修的365日	9787515363608	49.00
★ 马文·柯林斯的教育之道：通往卓越教育的路径（《中国教育报》2019年度“教师喜爱的100本书”，中国教育新闻网2019年度“影响教师的100本书”。朱永新作序，李希贵力荐）	9787515355122	49.80
★ 如何当好一名学校中层：快速提升中层能力、成就优秀学校的31个高效策略	9787515346519	49.00
★ 像冠军一样教学（全新修订版）：提升学生认知、习惯、专注力和归属感的63个教学诀窍	9787515373287	79.90
像冠军一样教学2：引领教师掌握62个教学诀窍的实操手册与教学资源	9787515352022	68.00
★ 如何成为高效能教师	9787515301747	89.00
★ 给教师的101条建议（第三版）（《中国教育报》“最佳图书”奖）	9787515342665	49.00
★ 改善学生课堂表现的50个方法：小技巧获得大改变（中国教育新闻网2010年度“影响教师的100本书”）	9787500693536	33.00
改善学生课堂表现的50个方法操作指南：小技巧获得大改变	9787515334783	39.00
美国中小学世界历史读本 / 世界地理读本 / 艺术史读本	9787515317397等	106.00
美国语文读本（1~6册）	9787515314624等	252.70
和优秀教师一起读苏霍姆林斯基	9787500698401	27.00
快速破解60个日常教学难题	9787515339320	39.90
★ 美国最好的中学是怎样的——让孩子成为学习高手的乐园	9787515344713	28.00
建立以学习共同体为导向的师生关系：让教育的复杂问题变得简单	9787515353449	33.80
教师成长/专业素养		
教学与学习的科学：每位教师都应知道的56项教育研究成果	9787515371399	59.90
如何更专业地教学：创建一个科学、连贯的教学框架，系统实现专业教学	9787515371351	49.90
如何爱上教学：给倦怠期教师的建议	9787515373607	49.90
如何促进教师发展与评价：一套精准提高教师专业成长的马扎诺实操系统	9787515366913	59.90
人工智能如何影响教学：从作业设计、个性化学习到创新评价方法	9787515370125	49.00
项目式学习标准：经过验证的、严谨的、行之有效的课堂教学	9787515371252	49.90
自适应学习与合作学习:如何在学校课程体系中实现学生的深度学习	9787515371276	49.90
教师生存指南：即查即用的课堂策略、教学工具和课程活动	9787515370521	79.00
如何管理课堂行为	9787515370941	49.90
连接课：与中小学学科课程并重的一门课	9787515370613	49.90
专业学习共同体：如何提高学生成绩	9787515370149	49.90
更好的沟通：如何通过训练变得更可信、更体贴、更有人脉	9787515372440	59.90
教师生存指南：即查即用的课堂策略、教学工具和课程活动	9787515370521	79.00
如何更积极地教学	9787515369594	49.00
教师的专业成长与评价性思考：专业主义如何影响和改变教育	9787515369143	49.90
精益教育与可见的学习：如何用更精简的教学实现更好的学习成果	9787515368672	59.00
教学这件事：感动几代人的教师专业成长指南	9787515367910	49.00
如何更快地变得更好：新教师90天培训计划	9787515365824	59.90
让每个孩子都发光：赋能学生成长、促进教师发展的KIPP学校教育模式	9787515366852	59.00
60秒教师专业发展指南：给教师的239个持续成长建议	9787515366739	59.90
通过积极的师生关系提升学生成绩：给教师的行动清单	9787515356877	49.00
卓越教师工具包：帮你顺利度过从教的前5年	9787515361345	49.00
★ 可见的学习与深度学习：最大化学生的技能、意志力和兴奋感	9787515361116	45.00
学生教给我的17件重要的事：带给你爱、勇气、坚持与创意的人生课堂	9787515361208	39.80
★ 教师如何持续学习与精进	9787515361109	39.00
从实习教师到优秀教师	9787515358673	39.90

	书名	书号	定价
	像领袖一样教学：改变学生命运，使学生变得更好（中国教育新闻网2015年度“影响教师的100本书”）	9787515355375	49.00
★	你的第一年：新教师如何生存和发展	9787515351599	33.80
	教师精力管理：让教师高效教学，学生自主学习	9787515349169	39.90
	如何使学生成为优秀的思考者和学习者：哈佛大学教育学院课堂思考解决方案	9787515348155	49.90
	反思性教学：一个已被证明能让教师做到更好的培训项目（30周年纪念版）	9787515347837	59.90
★	凭什么让学生服你：极具影响力的日常教育策略（中国教育新闻网2017年度“影响教师的100本书”）	9787515347554	39.90
	运用积极心理学提高学生成绩（中国教育新闻网2017年度“影响教师的100本书”）	9787515345680	59.90
	可见的学习与思维教学（教学资源版）：成长型思维教学的54个教学资源	9787515354743	36.00
★	可见的学习与思维教学：让教学对学生可见，让学习对教师可见（中国教育报2017年度“教师喜爱的100本书”）	9787515345000	39.90
	教学是一段旅程：成长为卓越教师你一定要知道的事	9787515344478	39.00
	安奈特·布鲁肖写给教师的101首诗	9787515340982	35.00
	万人迷老师养成宝典学习指南	9787515340784	28.00
	中小学教师职业道德培训手册：师德的定义、养成与评估	9787515340777	32.00
	成为顶尖教师的10项修炼（中国教育新闻网2015年度“影响教师的100本书”）	9787515334066	49.90
★	T. E. T. 教师效能训练：一个已被证明能让所有年龄学生做到最好的培训项目（30周年纪念版）（中国教育新闻网2015年度“影响教师的100本书”）	9787515332284	49.00
	教学需要打破常规：全世界最受欢迎的创意教学法（中国教育新闻网2015年度“影响教师的100本书”）	9787515331591	45.00
	给幼儿教师的100个创意：幼儿园班级设计与管理	9787515330310	39.90
	给小学教师的100个创意：发展思维能力	9787515327402	29.00
	给中学教师的100个创意： 如何激发学生的天赋和特长 / 杰出的教学 / 快速改善学生课堂表现	9787515330723等	87.90
	以学生为中心的翻转教学11法	9787515328386	29.00
	如何使教师保持职业激情	9787515305868	29.00
★	如何培训高效能教师：来自全美权威教师培训项目的建议	9787515324685	39.90
	良好教学效果的12试金石：每天都需要专注的事情清单	9787515326283	29.90
★	让每个学生主动参与学习的37个技巧	9787515320526	45.00
	给教师的40堂培训课：教师学习与发展的最佳实操手册	9787515352787	39.90
	提高学生学习效率的9种教学方法	9787515310954	27.80
★	优秀教师的课堂艺术：唤醒快乐积极的教学技能手册	9787515342719	26.00
★	万人迷老师养成宝典（第2版）（中国教育新闻网2010年度“影响教师的100本书”）	9787515342702	39.00
	课堂教学/课堂管理		
★	如何成为一名反思型教师	9787515372754	59.90
	设计有效的教学评价与评分系统	9787515372488	49.90
	卓有成效的课堂管理	9787515372464	49.90
	如何在课堂上使用反馈和评价	9787515371719	49.90
	跨学科阅读技能训练：让学生学会通过阅读而学习	9787515372105	49.90
★	老师怎么做，学生才会听：给教师的学生行为管理指南	9787515370811	59.90
	精通式学习法：基于提高学生能力的学习方法	9787515370606	49.90
	好的教学是设计出来的：一套详细、先进、实用的卓越课堂设计和实施方案	9787515370705	49.00
	翻转课堂与差异化教学：以学生为中心的课内翻转教学法	9787515370590	49.00
	精益备课法：在课堂上少做多得的实用方法	9787515370088	49.00
	记忆教学法：利用记忆在课堂上建立深入和持久的学习	9787515370095	49.00
	动机教学法：利用学习动机科学来提高课堂上的注意力和努力	9787515370101	49.00
	目标教学法	9787515372952	49.90
★	课堂上的提问逻辑：更深度、更系统地促进学生的学习与思考	9787515369983	49.90
	可见的教学影响力：系统地执行可见的学习5D深度教学	9787515369624	59.00
	极简课堂管理法：给教师的18个精进课堂管理的建议	9787515369600	49.00
★	像行为管理大师一样管理你的课堂：给教师的课堂行为管理解决方案	9787515368108	59.00
	差异化教学与个性化教学：未来多元课堂的智慧教学解决方案	9787515367095	49.90
	如何设计线上教学细节：快速提升线上课程在线率和课堂学习参与度	9787515365886	49.00

书名	书号	定价
设计型学习法：教学与学习的重新构想	9787515366982	59.00
让学习真正在课堂上发生：基于学习状态、高度参与、课堂生态的深度教学	9787515366975	49.00
让教师变得更好的75个方法：用更少的压力获得更快的成功	9787515365831	49.00
技术如何改变教学：使用课堂技术创造令人兴奋的学习体验，并让学生对学习记忆深刻	9787515366661	49.00
课堂上的问题形成技术：老师怎样做，学生才会提出好的问题	9787515366401	45.00
翻转课堂与项目式学习	9787515365817	45.00
★优秀教师一定要知道的19件事：回答教师核心素养问题，解读为什么要向优秀者看齐	9787515366630	39.00
从作业设计开始的30个创意教学法：运用互动反馈循环实现深度学习	9787515366364	59.00
基于课堂中精准理解的教学设计	9787515365909	49.00
如何创建培养自主学习者的课堂管理系统	9787515365879	49.00
如何设计深度学习的课堂：引导学生学习的176个教学工具	9787515366715	49.90
如何提高课堂创意与参与度：每个教师都可以使用的178个教学工具	9787515365763	49.90
如何激活学生思维：激励学生学习与思考的187个教学工具	9787515365770	49.90
男孩不难教：男孩学业、态度、行为问题的新解决方案	9787515364827	49.00
★高度参与的线上线下融合式教学设计：极具影响力的备课、上课、练习、评价项目教学法	9787515364438	49.00
★跨学科项目式教学：通过“+1”教学法进行计划、管理和评估	9787515361086	49.00
课堂上最重要的56件事	9787515360775	35.00
★全脑教学与游戏教学法	9787515360690	39.00
深度教学：运用苏格拉底式提问法有效开展备课设计和课堂教学	9787515360591	49.90
★一看就会的课堂设计：三个步骤快速构建完整的课堂管理体系	9787515360584	39.90
如何有效激发学生学习兴趣	9787515360577	38.00
如何解决课堂上最关键的9个问题	9787515360195	49.00
多元智能教学法：挖掘每一个学生的最大潜能	9787515359885	39.90
探究式教学：让学生学会思考的四个步骤	9787515359496	39.00
课堂提问的技术与艺术	9787515358925	49.00
如何在课堂上实现卓越的教与学	9787515358321	49.00
基于学习风格的差异化教学	9787515358437	39.90
★如何在课堂上提问：好问题胜过好答案	9787515358253	39.00
★高度参与的课堂：提高学生专注力的沉浸式教学	9787515357522	39.90
让学习变得有趣	9787515357782	39.00
★如何利用学校网络进行项目式学习和个性化学习	9787515357591	39.90
基于问题导向的互动式、启发式与探究式课堂教学法	9787515356792	49.00
如何在课堂中使用讨论：引导学生讨论式学习的60种课堂活动	9787515357027	38.00
如何在课堂中使用差异化教学	9787515357010	39.90
★如何在课堂中培养成长型思维	9787515356754	39.90
每一位教师都是领导者：重新定义教学领导力	9787515356518	39.90
★教室里的1-2-3魔法教学：美国广泛使用的从学前到八年级的有效课堂纪律管理	9787515355986	39.90
如何在课堂中使用布卢姆教育目标分类法	9787515355658	39.00
如何在课堂上使用学习评估	9787515355597	39.00
7天建立行之有效的课堂管理系统：以学生为中心的分层式正面管教	9787515355269	29.90
积极课堂：如何更好地解决课堂纪律与学生的冲突	9787515354590	38.00
设计智慧课堂：培养学生一生受用的学习习惯与思维方式	9787515352770	39.00
追求学习结果的88个经典教学设计：轻松打造学生积极参与的互动课堂	9787515353524	39.00
从备课开始的100个课堂活动设计：创造积极课堂环境和学习乐趣的教师工具包	9787515353432	33.80
老师怎么教，学生才能记得住	9787515353067	48.00
多维互动式课堂管理：50个行之有效的方法助你事半功倍	9787515353395	39.80
智能课堂设计清单：帮助教师建立一套规范程序和做事方法	9787515352985	49.90
提升学生小组合作学习的56个策略：让学生变得专注、自信、会学习	9787515352954	29.90
快速处理学生行为问题的52个方法：让学生变得自律、专注、爱学习	9787515352428	39.00
王牌教学法：罗恩·克拉克学校的创意课堂	9787515352145	39.80
让学生快速融入课堂的88个趣味游戏：让上课变得新颖、紧凑、有成效	9787515351889	39.00
★如何调动与激励学生：唤醒每个内在学习者（李希贵校长推荐全校教师研读）	9787515350448	39.80
合作学习技能35课：培养学生的协作能力和未来竞争力	9787515340524	59.00

	书名	书号	定价
	基于课程标准的STEM教学设计：有趣有料有效的STEM跨学科培养教学方案	9787515349879	68.00
	如何设计教学细节：好课堂是设计出来的	9787515349152	39.00
	15秒课堂管理法：让上课变得有料、有趣、有秩序	9787515348490	49.00
	混合式教学：技术工具辅助教学实操手册	9787515347073	39.80
	从备课开始的50个创意教学法	9787515346618	39.00
	给小学教师的100个简单的科学实验创意	9787515342481	39.00
	老师如何提问，学生才会思考	9787515341217	49.00
	教师如何提高学生小组合作学习效率	9787515340340	39.00
	卓越教师的200条教学策略	9787515340401	49.90
	中小学生执行力训练手册：教出高效、专注、有自信的学生	9787515335384	49.90
	从课堂开始的创客教育：培养每一位学生的创造能力	9787515342047	33.00
	提高学生学习专注力的8个方法：打造深度学习课堂	9787515333557	35.00
	改善学生学习态度的58个建议	9787515324067	36.00
★	全脑教学（中国教育新闻网2015年度"影响教师的100本书"）	9787515323169	38.00
★	全脑教学与成长型思维教学：提高学生学习力的92个课堂游戏	9787515349466	39.00
★	哈佛大学教育学院思维训练课：让学生学会思考的20个方法	9787515325101	59.90
	完美结束一堂课的35个好创意	9787515325163	28.00
	如何更好地教学：优秀教师一定要知道的事	9787515324609	49.90
	带着目的教与学	9787515323978	39.90
★	美国中小学生社会技能课程与活动（学前阶段/1~3年级/4~6年级/7~12年级）	9787515322537等	215.70
	彻底走出教学误区：开启轻松智能课堂管理的45个方法	9787515322285	28.00
	破解问题学生的行为密码：如何教好焦虑、逆反、孤僻、暴躁、早熟的学生	9787515322292	36.00
	13个教学难题解决手册	9787515320502	28.00
★	让学生爱上学习的165个课堂游戏	9787515319032	59.00
	美国学生游戏与素质训练手册：培养孩子合作、自尊、沟通、情商的103种教育游戏	9787515325156	49.00
	老师怎么说，学生才会听	9787515312057	39.00
	快乐教学：如何让学生积极与你互动（中国教育新闻网2010年度"影响教师的100本书"）	9787500696087	29.00
★	老师怎么教，学生才会提问	9787515317410	29.00
★	快速改善课堂纪律的75个方法	9787515313665	39.90
★	教学可以很简单：高效能教师轻松教学7法	9787515314457	39.00
★	好老师可以避免的20个课堂错误（中国教育新闻网2010年度"影响教师的100本书"）	9787500688785	39.90
★	好老师应对课堂挑战的25个方法（《给教师的101条建议》作者新书）	9787500699378	25.00
★	好老师激励后进生的21个课堂技巧	9787515311838	39.80
★	开始和结束一堂课的50个好创意	9787515312071	29.80
	好老师因材施教的12个方法（美国著名教师伊莉莎白"好老师"三部曲）	9787500694847	22.00
★	如何打造高效能课堂	9787500680666	29.00
	合理有据的教师评价：课堂评估衡量学生进步	9787515330815	29.00
	班主任工作/德育		
	30年班主任，我没干够（《凭什么让学生服你》姊妹篇）	9787515370569	59.00
★	北京四中8班的教育奇迹	9787515321608	36.00
★	师德教育培训手册	9787515326627	29.80
★	好老师征服后进生的14堂课（美国著名教师伊莉莎白"好老师"三部曲）	9787500693819	39.90
	优秀班主任的50条建议：师德教育感动读本（《中国教育报》专题推荐）	9787515305752	23.00
	学校管理/校长领导力		
	卓有成效的学校管理	9787515369693	49.90
	改造一所学校的设计新方案	9787515373737	69.90
★	哈佛大学教育学院学校创新管理课	9787515369389	59.90
	如何构建积极型学校	9787515368818	49.90
	卓越课堂的50个关键问题	9787515366678	39.00
	如何培育卓越教师：给学校管理者的行动清单	9787515357034	39.00
★	学校管理最重要的48件事	9787515361055	39.80
	重新设计学习和教学空间：设计利于活动、游戏、学习、创造的学习环境	9787515360447	49.90
	重新设计一所好学校：简单、合理、多样化地解构和重塑现有学习空间和学校环境	9787515356129	49.00

书名	书号	定价
学校管理者平衡时间和精力的21个方法	9787515349886	29.90
校长引导中层和教师思考的50个问题	9787515349176	29.00
如何定义、评估和改变学校文化	9787515340371	49.90
优秀校长一定要做的18件事（中国教育新闻网2009年度“影响教师的100本书”）	9787515342733	39.90
学科教学/教科研		
精读三国演义20讲：读写与思辨能力提升之道	9787515369785	59.90
中学古文观止50讲：文言文阅读能力提升之道	9787515366555	59.90
完美英语备课法：用更短时间和更少材料让学生高度参与的100个课堂游戏	9787515366524	49.00
人大附中整本书阅读取胜之道：让阅读与作文双赢	9787515364636	59.90
北京四中语文课：千古文章	9787515360973	59.00
北京四中语文课：亲近经典	9787515360980	59.00
从备课开始的56个英语创意教学：快速从小白老师到名师高手	9787515359878	49.90
美国学生写作技能训练	9787515355979	39.90
《道德经》妙解、导读与分享（诵读版）	9787515351407	49.00
京沪穗江浙名校名师联手教你：如何写好中考作文	9787515356570	49.90
京沪穗江浙名校名师联手授课：如何写好高考作文	9787515356686	49.80
人大附中中考作文取胜之道	9787515345567	59.90
人大附中高考作文取胜之道	9787515320694	49.90
人大附中学生这样学语文：走近经典名著	9787515328959	49.90
四界语文（《中国教育报》2017年度“教师喜爱的100本书”）	9787515348483	49.00
让小学一年级孩子爱上阅读的40个方法	9787515307589	39.90
让学生爱上数学的48个游戏	9787515326207	26.00
轻松100 课教会孩子阅读英文	9787515338781	88.00
情商教育/心理咨询		
如何防止校园霸凌：帮助孩子自信、有韧性和坚强成长的实用工具	9787515370156	59.90
连接课：与中小学学科课程并重的一门课	9787515370613	49.90
给大人的关于儿童青少年情绪与行为问题的应对指南	9787515366418	89.90
教师焦点解决方案：运用焦点解决方案管理学生情绪与行为	9787515369471	49.90
9节课，教你读懂孩子：妙解亲子教育、青春期教育、隔代教育难题	9787515351056	39.80
学生版盖洛普优势识别器（独一无二的优势测量工具）	9787515350387	169.00
与孩子好好说话（获“美国国家育儿出版物（NAPPA）金奖”）	9787515350370	39.80
中小学心理教师的10项修炼	9787515309347	36.00
别和青春期的孩子较劲（增订版）（中国教育新闻网2009年度“影响教师的100本书”）	9787515343075	39.90
100条让孩子胜出的社交规则	9787515327648	28.00
守护孩子安全一定要知道的17个方法	9787515326405	32.00
幼儿园/学前教育		
幼儿园室内区域活动书：107个有趣的学习游戏活动	9787515369778	59.90
幼儿园户外区域活动书：106个有趣的学习游戏活动	9787515369761	59.90
中挪学前教育合作式学习：经验·对话·反思	9787515364858	79.00
幼小衔接听读能力课	9787515364643	33.00
用蒙台梭利教育法开启0～6岁男孩潜能	9787515361222	45.00
德国幼儿的自我表达课：不是孩子爱闹情绪，是她/他想说却不会说！	9787515359458	59.00
德国幼儿教育成功的秘密：近距离体验德国学前教育理念与幼儿园日常活动安排	9787515359465	49.80
美国儿童自然拼读启蒙课：至关重要的早期阅读训练系统	9787515351933	49.80
幼儿园30个大主题活动精选：让工作更轻松的整合技巧	9787515339627	39.80
美国幼儿教育活动大百科：儿童学习与发展指南用书 科学/艺术/健康与语言/社会	9787515324265等	600.00
蒙台梭利儿童教育手册：3~6岁儿童学习与发展指南（实践版）	9787515307664	33.00
自由地学习：华德福的幼儿园教育	9787515328300	49.90
教育主张/教育视野		
学习的维度：马扎诺教育研究实验室教学模型	9787515375335	69.90
为问题提出而教：支持学生从问题走向问题解决的学习模型	9787515372716	59.90
重新定义教育：为核心素养而教，为生存能力而学（中国教育新闻网2023年度“影响教师的100本书”）	9787515369945	59.90

	书名	书号	定价
	重新定义学习：如何设计未来学校与引领未来学习	9787515367484	49.90
	教育新思维：帮助孩子达成目标的实战教学法	9787515365848	49.00
	用心学习：教育大师托尼·瓦格纳的学习之道（中国教育新闻网2023年度“影响教师的100本书”）	9787515366685	59.90
	为什么学生不喜欢上学？：认知心理学家解开大脑学习的运作结构，如何更有效地学习与思考（中国教育新闻网2023年度“影响教师的100本书”）	9787515367088	59.90
★	教学是如何发生的：关于教学与教师效能的开创性研究及其实践意义	9787515370323	59.90
★	学习是如何发生的：教育心理学中的开创性研究及其实践意义	9787515366531	59.90
	父母不应该错过的犹太人育儿法	9787515365688	59.00
	如何在线教学：教师在智能教育新形态下的生存与发展	9787515365855	49.00
	正向养育：黑幼龙的慢养哲学	9787515365671	39.90
	颠覆教育的人：蒙台梭利传	9787515365572	59.90
	如何科学地帮助孩子学习：每个父母都应知道的77项教育知识	9787515368092	59.00
	学习的科学：每位教师都应知道的99项教育研究成果（升级版）	9787515368078	59.90
	学习的科学：每位教师都应知道的77项教育研究成果	9787515364094	59.00
	真实性学习：如何设计体验式、情境式、主动式的学习课堂	9787515363769	49.00
	哈佛前1%的秘密（俞敏洪、成甲、姚梅林、张梅玲推荐）	9787515363349	59.90
	基于七个习惯的自我领导力教育设计：让学校育人更有道，让学生自育更有根	9787515362809	69.00
	终身学习：让学生在未来拥有不可替代的决胜力	9787515360560	49.90
	颠覆性思维：为什么我们的阅读方式很重要	9787515360393	39.90
	如何教学生阅读与思考：每位教师都需要的阅读训练手册	9787515359472	39.00
	成长型教师：如何持续提升教师成长力、影响力与教育力	9787515368689	48.00
	教出阅读力	9787515352800	39.90
	为学生赋能：当学生自己掌控学习时，会发生什么	9787515352848	33.00
★	如何用设计思维创意教学：风靡全球的创造力培养方法	9787515352367	39.80
	如何发现孩子：实践蒙台梭利解放天性的趣味游戏	9787515325750	32.00
	如何学习：用更短的时间达到更佳效果和更好成绩	9787515349084	49.00
	教师和家长共同培养卓越学生的10个策略	9787515331355	27.00
★	如何阅读：一个已被证实的低投入高回报的学习方法	9787515346847	39.00
★	芬兰教育全球第一的秘密（钻石版）（《中国教育报》等主流媒体专题推荐）	9787515359922	59.00
	培养终身学习能力和习惯的芬兰教育：成就每一个学生，拥有适应未来的核心素养和必备技能	9787515370415	59.00
★	杰出青少年的7个习惯（精英版）	9787515342672	39.00
	杰出青少年的7个习惯（成长版）	9787515335155	29.00
★	杰出青少年的6个决定（领袖版）（全国优秀出版物奖）	9787515342658	49.90
★	7个习惯教出优秀学生（第2版）（全球畅销书《高效能人士的七个习惯》教师版）	9787515342573	39.90
	学习的科学：如何学习得更好更快（中国教育新闻网2016年度“影响教师的100本书”）	9787515341767	39.80
	杰出青少年构建内心世界的5个坐标（中国青少年成长公开课）	9787515314952	59.00
★	跳出教育的盒子（第2版）（美国中小学教学经典畅销书）	9787515344676	35.00
	夏烈教授给高中生的19场讲座	9787515318813	29.90
★	学习之道：美国公认经典学习书	9787515342641	39.00
★	翻转学习：如何更好地实践翻转课堂与慕课教学（中国教育新闻网2015年度“影响教师的100本书”）	9787515334837	32.00
★	翻转课堂与慕课教学：一场正在到来的教育变革	9787515328232	26.00
	翻转课堂与混合式教学：互联网+时代，教育变革的最佳解决方案	9787515349022	29.80
	翻转课堂与深度学习：人工智能时代，以学生为中心的智慧教学	9787515351582	29.80
★	奇迹学校：震撼美国教育界的教学传奇（中国教育新闻网2015年度“影响教师的100本书”）	9787515327044	36.00
★	学校是一段旅程：华德福教师1~8年级教学手记	9787515327945	49.00
★	高效能人士的七个习惯（30周年纪念版）（全球畅销书）	9787515360430	79.00

您可以通过如下途径购买：

1. 书　　店：各地新华书店、教育书店。
2. 网上书店：当当网（www.dangdang.com）、天猫（zqwts.tmall.com）、京东网（www.jd.com）。
3. 团　　购：各地教育部门、学校、教师培训机构、图书馆团购，可享受特别优惠。

购书热线：010-65511272 / 65516873